초등논술 리더의 철학

초등논술 리더의 철학

윤혜린 지음

서광사

초등논술 리더의 철학

윤혜린 지음

펴낸곳 — 서광사
펴낸이 — 김신혁, 이숙
출판등록일 — 1977. 6. 30
출판등록번호 — 제 406-2006-000010호

(413-756) 경기도 파주시 교하읍 문발리 534-1
대표전화 · (031) 955-4331 / 팩시밀리 · (031) 955-4336
E-mail · phil6161@chol.com
http://www.seokwangsa.co.kr

제1판 제1쇄 펴낸날 · 2007년 11월 30일

ISBN 978-89-306-0220-4 93100

헌사

제가 철학을 막 전공하기 시작한 신출내기였을 때 오랜 지기와 나눈 술로 불콰해지신 얼굴로 집에 돌아오신 아버지께서 말씀하셨습니다.

"종이 한 장 가져와 봐."

거기에 아버지께서 둥근 원을 그리시고 그 안에 점을 찍으셨지요.

"철학과 학생! 이게 무슨 뜻이냐?"

한참을 머뭇거리다가 제가

"우주와 자아의 관계요. 우주 안의 미미한 한 점일지라도 자기 소신대로 살다 가야 흔적이라도 남기는 거 아닐까요?"

그 장면이 무시로 스칩니다.

너무 짧고 굵게 살다 가셔서 부녀간의 철학적 대화가 세월따라 이어지지 못했습니다.

아버지의 영전에 이 책을 바칩니다.

글쓴이의 말

우리가 외국어를 배울 때 듣기, 말하기, 쓰기 순서로 한발 한발 다가가듯이 논술도 대화하고, 경청하고, 내 생각을 글로 쓰는 과정에서 가랑비에 옷 젖듯이 내 것이 됩니다. 아무리 한시가 급하고 절박한 지경이더라도 바늘에 실을 묶어서는 한 뜸도 뜰 수 없듯이 터 닦기를 생략해서는 부실 공사가 조만간에 드러나고 맙니다. 논술 열풍이 광풍이 되어 온 국민을 혼돈에 빠뜨리는 요즘 세태를 보면서 논술교육의 목표와 지도과정을 다시 성찰해 볼 필요성을 절감합니다.

"왜 초등논술교육이 필요할까요?" 당장 시험에서 좋은 성적을 올려야 하고, 행여 논술경시대회에서 입상이라도 하게 되면 대입에서 유리하지 않겠는가 그런 기대를 할 수도 있지만 이는 단견(短見)입니다. 어린 시절부터 몸에 스며드는, 체화된 철학교육을 통해 합리적 사고의 힘을 증진하고, 주변의 다양한 사람들과 이루어 내는 소통과 교류의 기쁨을 향유하며, 때로는 타인으로부터의 날카로운 비판과 지적을 견디면서 자신의 부족한 사고를 보충할 수 있는 내적 성숙의 계기로 보는 것이 정견(正見)입니다. 즉 논술은 논리적 서술 방식으로 원고지를 메워 놓는 수작업이라고 평면적으로 이해하기보다 사유의 틀과 바탕을 갈아엎고 다시 만드는 의식의 조형 예술이라고 통찰할 때 새로운 비전이 생깁니다.

"누가 초등논술을 지도할 수 있는가?"의 문제에 대해서는 일차적으로 초등학생과의 철학적 토론에 동반하면서, 한참 진화 중인 초등학생에게서 배울 수 있고, 초등학생을 지도하는 데 물리지 않을 수 있는 사람이라고 말하고 싶습니다. 성인과 그들은 지식의 양과 범위에서는 차이가 날 수 있지만 철학적 깊이에서는 어깨를 견줄 만하다고 교육 현장의 많은 활동가들은 증언합니다. 초등논술 리더는 지식을 상하로 전수하는 사람이 아니라 학생들과의 수평적 관계에서 새로운 앎을 생산할 수 있게 네트워킹하는 사람입니다. 그렇다면 전공이 철학이나 문학이나 사회과학이 아니어도 인간, 사회, 역사에 대한 문제의식을 놓치지 않고 스스로 질문하고 성찰할 수 있는 사람이라면 초등논술 지도의 길에 접어들 수 있습니다.

"어떻게 초등논술을 지도해야 하는가?" 독후 지도활동을 바탕으로 새로운 스토리를 구상하고 발표하도록 지도하는 일에서 시작할 수도 있고, 관찰 및 체험일기 작성을 생활화시키는 훈련에서 시작할 수도 있습니다. 꼭 논술문 장르가 아니더라도 자신의 고유한 생각이 스며들 수 있는 여러 소재와 주제를 다루어 보면서 글 쓰는 일이 공포가 아니고 해방임을 경험하게 할 수 있다면 그 모든 경로는 '오케이'입니다. 논술 리더는 학생과 만나는 매 수업마다 강제적으로 글을 쓰게 하고 그 글을 학생 편에 들려서 가정으로 돌려보내어 확인을 받아야 하는 것이 아닙니다. 생각이 샘물처럼 고여서 흘러넘칠 때 그 생각을 다른 친구들과 나누게끔 대화와 토론을 일상화하고, 그리고 글을 쓸 때는 독자를 고려하여 자신의 생각이 다른 사람에게 더 잘 전달될 수 있게끔 효과적으로 쓰도록 돕습니다.

이러한 방향에서 볼 때 논술교육 리더 스스로 초등학생의 생각하기,

말하기, 글쓰기의 사표가 될 수 있도록 하는 자기훈련 프로그램을 실행하여야 합니다. 스스로 글의 논리를 탐구하고 논술문을 작성하고 학생들의 논술문을 평가 · 지도하는 능력을 배양하는 셀프 리더십을 요구받습니다. 이 점은 본인이 이화여자대학교 평생교육원의 '초등논술 지도자 과정'을 근 10년간 끌어 오면서 힘주어 강조했던 대목이기도 합니다.

어린이에게 논리적으로 반박당하고도 한 수 배웠다면서 웃을 수 있는 어른의 모습, 힘의 논리로 누르려고 하지 않고 논리의 힘을 진실로 믿는 사회의 모습, 스스로 공부하기에 더 이상 아이들에게 '공부해라'라는 말을 할 필요가 없는 그런 부모의 모습이 우리에게 소망스럽습니다. 초등논술교육의 다양한 현장들을 지키고 그 터전을 일구어 가고 있는 많은 선생님에게서 그런 '큰 바위 얼굴'과 같은 모습들을 발견할 수 있는 것은 내게는 늘 벅찬 기쁨이자 감동입니다.

많은 분들이 평생교육원의 논술 강의를 처음 접했을 때 부담스러웠다고 말합니다. 머리에서 쥐가 날 것 같고, 생각이 어딜 가나 떠나질 않으며, 인식론적 충격으로 가슴이 막 터질 것 같은 경험을 하기도 했다고 증언합니다. 논술문 쓰는 스킬을 가르쳐 주는 줄 알았는데 철학적 사고의 기본 바탕을 다지고 과정을 밟는 것이라 갈 길 아득함에 때론 절망스러웠다고 합니다.

그러한 느낌은 과거형이기도 하고 현재진행형이기도 합니다. 힘들게 통과한 초급과정을 지나면 "그 시절은 아무것도 아니었다"는 술회를 하게 하는 중급과정과 수련과정이 줄줄이 버티고 있습니다. 나로서는 "철학으로 들어오는 문은 있지만 나가는 문이 없으니 어떡합니까?", "어쩌다 이리 나쁜 조직에 몸담게 되셨어요?"라고 할 수밖에 다른 말을 찾기 어렵습니다. 이러한 현상은 좋은 의미의 철학 중독이라 믿고 농담을 하는 것이지요.

시류에 단지 편승하는 것이 아니라 논술교육에 대한 전 국민의 에너지가 올바른 방향을 잡게 만드는 데 기여하면서 철학적인 소신을 펼치려는 치열한 삶 속에 우리 아이들의 미래가 있습니다. 논술의 의미에 대해서도 또한 논리적으로 생각할 수 있는 사람만이, 창의적인 생각을 자유롭게 펼쳐 낼 수 있는 사람만이, 의식의 뿌리로 내려가 근본을 뒤집어엎을 수 있는 사람만이 철학적인 논술교육을 끌고 갈 수 있는 리더가 되는 것은 당연한 이치가 아닐까요?

지난 시간 동안 이분들로부터 받은 자극과 격려가 큰 힘이 되었습니다. 본문에 나오는 많은 예화들을 이 분들로부터 도움을 받아 소개할 수 있었습니다. 이번 출판을 통해 그 동안 축적한 소기의 성과를 사회적으로 소통할 수 있게 된 것은 한 분 한 분 밝히기 어렵지만 모두 이 분들의 공이라고 생각합니다. 원고의 독자 노릇은 참 하기 어려운 법인데 그 일을 해 준 오랜 친구 이인수 선생님께도 감사드립니다. 하지만 혹시나 글의 내용에 허물이 있다면 그것은 전적으로 본인의 탓이며 독자 여러분과의 피드백을 통해서 교정하는 기회를 갖고 싶습니다.

그리고 10년 전 이화의 평생교육원에 새로운 교육 공간을 마련하여 각급 논술 강의를 개설하시고 생산적인 철학교육의 패러다임을 창출해 오신 소흥렬 은사님의 혜안에 고개 숙여 존경의 염을 전하고자 합니다. 어린이 철학교육에 선배 역할을 해 주신 김지은 선생님께는 특별한 감사를 드립니다. 박연숙 선생님, 김계정 선생님 등 여러 동료 선생님들께도 함께 정진하자는 마음을 전하고 싶습니다. 앞으로도 많은 분들이 이 공간에 동참하여 참다운 논술 리더들을 길러 내는 산실로 자리 잡을 수 있기를 바랍니다. 그와 관련하여 논술 리더들에게 내실 있는 논술교육을 할 수 있도록 소집단 교육 환경을 조성해 주신 이화평생교육원의 선생님들께도 특별한 감사를 표합니다.

마지막으로 철학 전문출판사인 서광사에서 이 책이 나오게 된 점에 대해 뜻 깊게 생각하면서 신미진 선생님, 김찬우 선생님을 비롯하여 관계되신 모든 분들의 노고에 감사드립니다.

2007년 시월 하늘 아래
윤혜린

차례

첫째 고개

논술교육의 목표 설정 및 새로운 철학적 문화의 모색

논리적으로 생각해라!
명료하게 말해라!
창의적으로 써라!
옛날 어른들은 "공부해서 남 주느냐?"며
그저 열심히 공부하라고만 하셨는데
이제는
생각도, 말도, 글쓰기도,
웬 주문이 그리 많은지.
어디서 찾나 단방약.
못 찾겠다, 꾀꼬리.

1
논술 비상사태와 문화적 진화의 기회

각 대학 입시에서 논술 시험이 채택되고 시간이 지날수록 강화되자 자녀나 학생에 대해 지도를 하는 위치에 있는 분들에게 비상이 걸렸다. '비논술 세대'가 '논술 세대'의 교육을 책임져야 하는 시대적 혼돈 속에서 갈피를 못 잡는 모습도 연출되었다. 그렇지만 입시 과목으로서의 논술에 대한 전략과 전술을 논의하기 전에 이러한 세태가 무엇을 의미하는지를 정리할 필요가 있다. 왜 전국의 대학과 전 국민이 과거 세대에게는 별로 일반적이지 않았던 '논술' 개념과 조우해야 하는 것인가?

근본적으로 교육의 패러다임이 바뀌고 있다는 점을 들 수 있다. 인적자원 혹은 인재를 양성하는 교육의 목표에서 볼 때 개인의 의식, 가치관, 발상법 등에서 탄탄한 논리적 토대를 갖춘 지식 대중이야말로 사회의 일꾼이 될 수 있다고 보는 것이다. 과거의 국민 교육이 일정한 양의 균질적인 교과내용을 소화하는 과정으로 이루어져 있었다면 이제는 '합리성', '창의성'과 '변화 추동성'(change agency)을 기준으로, 삶의 주체성과 자주성을 확보해야 하는 소명을 불어넣어 주는 계기로 자리

매김하고 있다. 우리 사회가 일반적 수준의 고등교육에서 양적 팽창을 해 내었지만 그 다음 수준으로 내실 있게 발전하려면 과거 지식의 전승으로 만족할 수 없으며 생산적 지식 생산을 할 수 있는 사람들을 만들어 내는 것이 관건이 된 것이다.

이러한 시대적 요구를 반영하여 논술교육은 시민의 종합적 사고 역량을 강화(empower)하는 방향에서 설정되고 있다. 힘의 논리가 아닌 논리의 힘에 따르는 사회, 획일적 사고가 아닌 다양한 가치관이 소통되고 교류할 수 있는 사회, 무정견이나 단견, 편견이 아닌 정견을 확립하여 스스로 성찰적 개인이 되도록 촉구하는 사회의 모습이 철학적 사회와 철학적 시민의 배경 그림이다. 단지 강성 국가나 일류 국가를 만들기 위한 동원 대상으로서 국민교육이 아니라 국가의 모습까지도 철학적으로 설계해 갈 수 있는 성숙한 시민들을 위한 교육이 요청되는 것이다.

철학교육을 받고 또 이를 자신의 현장에서 실천하는 사람들의 존재는 우리 사회의 대화 문화에 큰 영향력을 미친다. 이들은 지적, 도덕적 권위보다는 권위주의가 지배함으로써 대화와 토론의 기본 규칙조차 마련되어 있지 않은 척박한 대화 풍토에 발전적 요소로 역할을 할 수 있다. 단지 신분, 직위, 성별, 연령 등의 차이가 평등한 대화 상황의 걸림돌이 되어 버리는 현상을 불식시킬 수 있다.

철학하는 집단은 단지 머릿속의 사유에만 머무르지 않고 언어 행위, 행동 등으로 한결같이 자신의 의식과 삶을 일치시키려는 노력 속에서 실천적 지성을 추구한다. 이에 따라 삶의 통합성(integrity)을 견지하면서 자기 성찰적인 방향으로 진행될 때 사회의 의식적 성숙 정도가 고양될 수 있다.

철학하는 사람들의 사회는 창조 문화의 기초가 된다. 문화 향유의 증대를 격려하는 시대 상황에서 우리의 소비력은 매우 커지는 반면 문화 생산의 내용적 발전은 이제 출발점에 있다. 문화 콘텐츠가 개성적이고 미래지향적이고 공감적이려면 구상 및 숙고 과정에서 철학적 깊이와 폭을 담보해야 한다. 사유 내용에서의 철학의 빈곤 대신에 풍요로움과 다채로움이 저변에 확산될 때 우리 각자는 문화 생산자의 역할에 합류할 수 있다.

논술교육은 철학교육에서의 하나의 언어적 표현이다. 동사형으로서의 철학함(philosophieren)이 드러나는 하나의 창구라는 뜻이다. 요즘은 '독서 교육', '글쓰기 교육' 등으로 우리 학생들이 사고를 언어적으로 전개하는 데서 조언하고 지지하고 격려하고 도움을 주는 선생님들을 만날 기회가 많이 생겼다. 제도적/비제도적 혹은 대규모적/소규모적 학습 환경의 교사들이 파트너로서 상호작용하고 비주입식 교육의 경험을 서로 학생들에게 나누어 주고 있다. 이에 덧붙여 철학적 차원의 문제제기와 문제설정, 문제탐구를 본격적으로 행하게 된다면 교육의 새로운 패러다임이 정착하는 데 큰 기여를 하게 되리라고 생각한다.

철학적 논술교육은 논리를 기초로 하여 사고 내용을 전개하는데 존재론적 탐구(무엇이 존재하는가), 인식론적 탐구(나는 그것을 어떻게 아는가), 가치론적 탐구(무엇이 바람직스러운가)로 크게 나뉠 수 있다. 독서를 매개로 한 독서논술이나 특정 교과와 긴밀히 연관된 역사논술, 사회논술, 과학논술 등 구체적인 방법론이 모색되고 있지만 철학적 논술교육의 기본 정신은 또 하나의 지식 학습에 있는 것이 아니고 통합적 성찰 능력의 제고에 있다고 할 것이다. 그런 수준에서 교육은 개인에게 사회적 성공의 수단적 가치이기만 한 것이 아니라 자아실현의 목적적 가치와 만나는 장이 될 것이다.

2
어린이 논술교육의 목표

대학 입시로서의 논술은 철학교육을 얼마나 탄탄하게 소화하였는가를 검증하는 하나의 결과물이다. 그러므로 어떤 시간적 긴급성도 과정을 생략해 버린 것에 대한 핑계가 될 수는 없다. 논술을 하나의 별개 교과로 취급하여 동서양 고전 백선을 요약판으로 암기하게 하거나, 글쓰기 요령을 단기 지도하는 데 몰두해서는 효과도 그리 크지 않고 성과가 보장되지 않는다. 아무리 급해도 "실을 바늘에 매어" 꿰맬 수는 없다. 결국 철학교육은 과정상에서 발전을 지향해야 한다. 덧붙여 대학 입시가 끝났다고 해도 철학적 훈련은 계속되어야 삶의 지향성을 자주적이고 주체적으로 담보할 수 있다.

이러한 큰 구도에서 볼 때 어린이 논술교육의 목표는 무엇일까. 크게 세 가지로 나누어 보기로 한다.

첫째, 자신의 사고에서 반성의 힘을 길러 주는 것이다. 반성은 생각에 깊이를 준다. 일상적인 믿음의 구조를 반성하고 주위에서 얻는 정보를 되새김하여 옳고 그름을 돌아보게 한다. 맞는 말과 틀린 말을 구별하여 분명하게 생각을 드러낼 수 있게 한다.

둘째, 타인과 의사소통을 하는 힘을 길러 주는 것이다. 의사소통은 표현에 넓이를 준다. 어린이들이 사용할 줄 아는 어휘는 아직 충분한 양이 아니다. 하지만 그들이 지닌 어휘로 더 자유롭게 표현할 수 있는 능력을 길러 주며, 더 실감 나게 묘사하고 개성 있게 표현할 수 있도록 도와주어야 한다. 그 과정에서 새로운 어휘를 불리는 것도 도와주어야 한다.

셋째, 스스로 쌓아 올리는 꿈의 힘을 키워 주어야 한다. 꿈은 생각에 높이를 준다. 창의력과 상상력은 우선 어린이들이 자신의 생활을 재미있게 느끼는 것에서 출발한다. 거기에서부터 더 재미있고 신기한 것을 꿈꾸기 시작한다. 하지만 꿈꾸는 것을 이야기하려 해도 어른들은 도통 말이 통하지 않는다. 그런데 논술교육을 통해 말이 통하는 사람을 만나게 되고, 외롭지 않다는 느낌을 얻게 된다면 그 어린이는 상상의 힘을 키우는 일이 겁나지 않을 것이다. 나아가 살고 싶은 세상에 대한 생각과 더 좋은 세상을 그리는 마음이 점점 살찌게 될 것이다.

이 같은 목표는 대상 연령층에 따라 달라질 수 있다. 어린이라고 통틀어 일컫는 초등학생 시기는 모두 6년이다. 요즘 초등학생들은 한 해가 다르다고 할 만큼 학년별로 차이가 많다. 또 학년이 같더라도 어린이의 독서량이나 성숙 정도에 따라 개인별로 편차도 크다. 논술교육의 강조점도 약간씩 차이가 있을 수밖에 없다. 여기서는 대략 저학년과 고학년으로 나누어 그 차이점을 살펴보기로 한다.

저학년은 앞서 말한 세 가지 목표 가운데 '꿈의 힘'이 가장 강하게 지배하는 시기이다. 잠자면서 자란다고 하는 아기 시절을 지나 이제 본격적으로 눈뜨고도 꿈꾸기 시작하는 시기이다. 따라서 저학년 논술교육의 목표는 '꿈의 힘'을 키워 주는 데 중점을 두게 된다. 물론 '의사소통의 힘' 도 나란히 키워 주어야 한다. 아무래도 어휘력이나 문장력이 부족하기 때문에 가진 생각을 제대로 표현하지 못해 답답해하기 쉽다. 또 글쓰기에 대해서 두려움을 가질 만한 나이이다. 굳이 완성된 논술문으로 써낼 것을 요구하기보다는 다양한 방식으로 표현의 즐거움을 일러 주면서 생각을 드러낼 수 있도록 도와야 한다.

고학년은 '반성의 힘' 을 중심으로 생각의 깊이를 키워 주는 것이 중요하다. 이미 사춘기는 초등학교 중기, 후기로 내려온 지 오래다. 그만큼 생각이 많아지는 시기이다. 산만한 생각에 줄기를 잡아 주고 어떤 내용이든 우선 그들의 생각을 충분히 격려해 주는 것이 필요하다. 그리고 몽상에서 벗어나 체계적인 반성 작업으로 더욱 창조적인 사고활동에 이를 수 있도록 도와야 한다. 이때의 반성이 평생을 좌우할 수도 있다. 한편 '의사소통의 힘' 은 고학년에서도 마찬가지로 중요성을 지닌다. 사춘기가 되면 자기 속으로 깊이 파고들어 가는 것을 마치 생각이 깊어지는 것인 양 잘못 여길 우려가 있다. 친구들과 나누는 대화와 토론을 통해 타인의 의견에 귀 기울이는 자세를 길러 주는 것도 논술교육의 몫이다.

이상으로 어린이 논술교육의 목표에 대해 간략하게 살펴보았다. 무엇보다 소중한 것은 어린이들의 생각을 북돋아 주는 것이다. 북돋아 준다는 말은 농사짓는 방법에 어원이 있다. 어린 떡잎이나 가는 줄기가 솟아 나올 때 쓰러지지 않도록 지지하고 일으켜 세워 준다는 뜻이다. 어린이들의 생각은 대개가 엉뚱하고 뜻밖이다. 어떤 문제에 부딪혀 뜻밖의 생각을 떠올린 어린이가 뜻있는 결론을 얻어 낼 수 있도록 도와주는 일은 때때로 놀라운 참을성을 요구할지도 모른다. 그렇지만 논술교육을 통해 어린이의 성장을 지켜보는 일은 그 기다림만큼 참 보람 있는 일이 되리라고 믿는다.

논술교육 현장의 규모도 재고할 필요가 있다. 한 학생의 사유 발전 과정에 동행하려면 철저한 맞춤식 개별 지도(tutoring system)가 이루어져야 하기에 교사의 고밀도 에너지가 준비되어야 한다. 따라서 무작정 시장논리에 편승하기보다 소규모의 질적 학습을 할 수 있는 주체적 역량을 점검하는 일이 우선임을 인지해야 한다.

3
논술교육의 방법론으로서 대화 연습

우리의 일상생활은 수많은 대화로 이루어져 있다. 어린이들도 친구, 형제, 엄마, 선생님, 인형, 나무, 강아지와 날마다 무시로 대화한다. 또한 생각하는 시간에는 자기 자신과 대화한다. 대화는 기본적으로 두 상대방 사이에 이루어지는 의사소통의 상호작용이다. 자기와의 대화는 자기 안에 어떤 거울이 있어서 그 거울을 통해서 양측(실제로는 한 사람이지만)이 서로 의견을 나누는 것이다.

대화를 하기 위해서는 우선 자신의 생각을 명료하게 정리하는 준비시간이 필요하다. 어떤 사람은 대화 중에 자신의 생각을 정하고 의견도 주변 분위기에 따라 결정 내리기도 하지만 이는 사고의 주체성 면에서 바람직한 것은 아니다. 둘째, 다른 사람의 생각을 열린 마음으로 들을 수 있는 자세가 필요하다. 상대방에 대한 자신의 선입견이나 고정관념에 얽매이지 않고, 항상 새롭게 그 사람의 말을 경청하고 말 속에 담긴 마음을 헤아릴 수 있어야 한다. 마지막으로 대화는 기꺼운 마음으로 그동안의 작은 생각을 반성하고, 더 큰 생각으로 나가게 해 주는 좋은 길

동무라고 받아들이는 것이 좋을 것이다. 대화를 하면서 자신의 생각이 변화 · 발전하는 것을 두려워하지 않는 자세, 즉 상대방의 말이 더 설득력 있을 때 과감하게 생각을 수정할 수도 있다는 마음가짐이 필요하다.

대화의 중요성을 부정하는 사람은 거의 없겠지만, 과연 대화를 잘하며 살고 있는지에 대해 확실하게 '예' 라고 할 수 있는 사람은 많지 않을 것이다. 대화를 해야겠다는 결심만으로는 부족하기 때문에 어떤 기술이 필요하다. 기초 단계에서는 어떤 종류의 이야기라도 터놓고 말할 수 있는 분위기 조성이 필요하다. 특히 어린이와의 대화에서는 항상 만물박사인 것처럼, 백과사전인 것처럼 행동하는 어른들의 모습이 아니라, 어린이와 같은 수준으로 대화할 수 있는 자세가 중요하다 . 어린이 위에 군림하는 사람은 많지만 어린이의 옆에서 그 마음을 열어 주는 사람은 의외로 적다.

교사가 어린이에게 일상적 대화의 파트너로 받아들여진다면, 그 다음 단계로 철학적 대화로 이행할 수 있다. 자신의 생각이나 입장에 대한 논리적인 근거를 묻는 말을 계속할 수 있으며, 상대방의 생각이나 입장의 논리적 문제점을 지적하는 훈련도 할 수 있다. 이는 생각하고 대화하는 즐거움을 만끽하게 할 뿐 아니라, 자신의 생각을 더 합리적이게 하는 생산적인 과정이다.

좀 더 구체적으로 어린이와의 대화 모습들을 정리해 보자. 우선 어린이와 어른의 대화를 통해 서로 생각을 교환하고, 정보를 교환한다. 어린이들의 사회 안에서 돌아다니는 정보의 양은 놀라울 정도로 많고 정보전달의 속도 또한 매우 빠르다. 어린이 혹은 자녀와의 대화를 놓치면, 어린이가 어떤 식으로 성장하고 있는지를 모르게 된다. 따라서 현재 아동들이 무슨 주제를 가지고 서로 재미있게 이야기하면서 노는지,

그 안에 어떤 고민이 싹트는지를 항상 신경 써야 한다.

둘째, 대화를 통해 사안을 결정하는 것을 습관화한다. 예를 들어 다음 일요일에 우리 가족이 어느 산으로 소풍가는 것이 좋은지 의논할 경우가 있을 때 서로 다른 의견이 제출되는 경우 어느 쪽을 왜 선택해야 하는지를 토론을 통해 결정한다. 연장자의 권위의 힘이 아니라 합리성의 힘이 선택 기준이 되게 한다. 될 수 있으면 아이들이 나름의 근거를 가지고 제안할 때 이를 수용해 주는 것이 대화의 재미를 부가시킨다.

셋째, 대화를 통해 논쟁을 벌인다. 논쟁은 존재론적인 문제, 인식론적인 문제, 가치론적인 문제들에 대해 모두 적용될 수 있을 것이다. 존재론적으로 '왜 나는 사람으로 태어났는지, 아름다움은 어디에 있는지, 외계인이 있는지, 귀신이 있는지, 강아지도 마음이 있는지' 를 생각해 본다. 그리고 인식론적으로는 그러한 생각을 하는 이유 · 근거를 서로 물어본다. 또한 누구 생각이 맞는 것인지, 누구의 말은 왜 틀린지를 따져 보는 훈련을 해야 한다. 그리고 가치론적으로는 좋은 거짓말도 있는지, 사람이 왜 가치 있게 살아야 하는지 그 이유에 대해 생각해 보게 하는 주제들을 다룰 수 있다.

마지막으로, 대화를 통해 자기 생각으로 정리된 것을 글로 옮겨 본다. 이를 위해서 대화록을 작성할 수도 있고, 논술문으로 정리할 수도 있다. 가족신문을 만든다면 이러한 주제를 둘러싼 생생한 토론을 그대로 풀어 소개하는 것이 좋겠다. 누가 KO를 당했는지, 누구 의견이 새로웠는지에 대한 소감 혹은 논평을 덧붙여도 좋겠다.

4
철학적 대화의 모형

매튜스는 『어린이를 위한 철학 이야기』[1]의 저자로 우리에게 꽤 알려져 있다. 그 책에서 매튜스는 '꽃이 마음을 갖고 있을까 혹은 꽃은 행복을 느낄 수 있을까' 라는 어려운 철학적 문제를 아이들이 또래 친구들과의 대화를 통해 깊이 있게 파고들 수 있는 안내자 역할을 했다. 단 30분 안에 행해진 짧은 대화지만 우리는 여기에서 철학적으로 대화하는 훈련의 본보기를 발견할 수 있다. 그 책의 내용 일부를 다시 꾸며 보았다.

이야기의 서두

"예쁜 꽃방 아줌마네 꽃들이 오늘도 행복하대요." 영철이가 말했다.

"꽃들은 행복할 수 없어. 꽃방 아줌마는 꽃이 마치 사람이라도 되는 것처럼 말씀하시길 좋아해. 하지만 꽃들은 실제로는 아무 감정도 없어. 목마른 것도, 슬픈 것도, 행복한 것도 몰라." 식탁에 앉아 군고구마를

1) G. 매튜스, 『어린이를 위한 철학 이야기』, 황경식 외 역, 샘터사, 1988.

먹고 있던 영아가 핀잔을 주었다.

"정말이에요, 엄마?" 영철이는 약간 실망스러운 어조로 물었다.

"그건 아줌마께 여쭤 보는 게 좋겠구나. 꽃들에 대해 우리 셋을 합친 것보다도 더 많이 알고 계실 테니까." 엄마는 그렇게만 말씀하셨다.

(꽃에 대한 영아의 회의적인 논평은 아이들 간의 토론을 위해 내가 설정한 것이었다.)

아이들은 꽃들이 목마를 수 있다는 것은 조금도 의심하지 않았지만, 꽃들이 행복할 수 있는지에 대해서는 토론하고 싶어 했다.

내가 질문을 시작했다.

"왜 꽃들은 행복할 수 없다고 생각하지?"

"꽃은 마음을 갖고 있지 않기 때문이죠." 명호가 재빠르고, 단호하게 대답했다.

"그것 말고 다른 이유는 없니?"

내가 계속 물었다.

"꽃은 감정도 없잖아요." 명호가 다시 덧붙였다.

그때 민수가 토론에 끼어들었다.

"어떤 식물은 말이야, 잎사귀를 오므려서 파리를 잡는대."

나는 그 식물의 이름을 누가 아는지 물었다.

"파리지옥이요." 누군가가 말했다. 우리는 잠시 파리지옥풀에 대해 얘기했다.

"네가 그걸 만지면 잎이 오그라들어." 성미가 말했다.

"그건 나비랑 같은 거네." 은미가 끼어들며 말했다.

"그렇지만 나비는 반사작용을 하지 않아. 꽃은 반사작용을 해. 손을 대면 오므라드는 스프링처럼." 민수가 이의를 제기했다.

나는 파리지옥풀이 반사작용으로 그런 거라면, 그런 식물은 아무 감정도 없다고 해야 하는지를 물어보았다.

"그래도 뭔가를 느낀 건 아닐까요? 오그라든다는 것은 뭔가를 느끼는 것이 틀림없어요." 은미의 답변이었다.

토론은 이제 더욱 발전하여 꽃들이 서로 의사소통을 할 수 있는지의 문제에까지 이르렀다.

"식물도 전파나 그 비슷한 걸로 서로 이야기할 거예요. 아니면 꽃가루가 그런 일을 하든가." 민수가 의견을 내놓았다.

나는 어떤 존재가 행복을 느끼는지 아닌지를 판단하는 데 의사소통 능력이 중요한 이유를 아이들에게 물었다. 아이들은 언어가 기분을 나타낼 수 있다고 여기는 듯했다. 하지만 다른 방식으로도 기분을 표현할 수 있다고 제안했다.

"꽃을 활짝 피우는 것도 자기가 행복하다는 것을 보여 주는 길이에요." 민수가 말했다.

그러자 아이들은 기분이나 느낌을 표현하는 몸짓에 대해 말을 주고받기 시작했다.

"그러나 네가 고개를 숙이고 있다고 해서 반드시 불행한 것은 아닐 거야." 정아는 꽃들이 고개를 떨어뜨리는 것은 불행한 상태라는 생각에 반론을 제시했다.

"머리를 꼿꼿이 치켜들고 있어도 기분이 나쁠 수 있어." 정아는 계속 지적했다.

"식물도 두뇌를 가지고 있나요?" 명호가 물었다.

나는 명호에게 좋은 질문이라고 칭찬을 해 주었다. 그리고서 식물이 행복할 수 있는지 판단하는 데 뇌가 있는지를 아는 것이 무슨 도움이 되는가를 물었다.

"두뇌가 없으면 사람들은 슬프거나 행복하거나 그럴 수 없을 거예요. 두뇌가 없다면 그 사람은 심지어 있다고 할 수조차 없을 거예요."

거듭 이어진 명호의 두 번째 말은 내게 삶과 죽음에 관한 많은 의문을 던져 주었다. 예를 들어 뇌기능이 손상되었을 때 그 사람이 죽었다고 말할 수 있는지, 혹은 제대로 두뇌가 기능을 하지 못하는 태아도 진정한 인간인지 등의 문제이다. 하지만 내가 이에 대해 더 깊이 있는 질문을 채 생각해 내기도 전에 토론은 계속되었다.

"나는 식물이 자기에게 '나는 행복해', '나는 슬퍼'라는 말을 하고 있다고 생각할 수 없어." 민수의 말이 계속 이어졌다.

"식물은 기계 같아. 잘 작동하다가도 연료가 떨어지면 멈추어 버리는 기계 말이야."

"꽃들에게 눈이 있니?" 명호가 물었다.

"없어." 여러 아이가 대답했다.

"근데 꽃 안에는 눈 같은 게 있다." 명호는 암술과 수술을 꽃의 눈이라고 생각하는 듯했다.

식물이 주위를 둘러볼 수 있을지도 모른다는 생각이 민수의 머릿속을 사로잡았다.

"쐐기풀은 자기에게 위험이 닥친다는 것을 알아채고 자기를 보호해야겠다고 생각할 수 있을지도 몰라."

이윽고 대화 시간이 다 되었다. 꽃들이 행복할 수 있는지에 대해 우리가 대화를 나눌 시간은 삼십 분밖에 없었던 것이다. 물론 우리가 문제를 해결한 것은 아니었지만, 이 문제에 관한 다양한 생각을 인상 깊게 검토해 볼 수 있었다. 나는 아이들에게 다음 시간에 그 이야기에 대한 마무리를 지어 보겠다고 말했다. 그리고 수업 중에 아이들이 했던 이야기를 가능한 한 많이 그 결론에 인용하겠다고 약속했다. (아이들은 내가 토론을 녹음한 것을 알고 있었다.)

다음은 내가 고안해 낸 이야기의 결론이다.

영철은 꽃에 대한 질문을 꽃방 아줌마에게 직접 하기로 결심했다.

"아줌마, 국화꽃이 행복하다는 것을 어떻게 알지요?"

그러자 아줌마가 되물었다.

"너 오늘 그 국화꽃을 보지 않았니? 꽃송이들이 얼굴을 모두 위로 들어 올려 우리를 보고 미소 짓고 있잖니?"

"아이, 아줌마는 국화가 사람인 것처럼 꾸며서 말씀하시는 것뿐이에요." 영아가 퉁명스럽게 말했다.

"아줌마도 실제로는 꽃이 어떤 느낌을 가질 수 없다는 걸 알고 계시잖아요. 국화꽃은 행복을 느낄 수 없어요."

"영아야, 너는 행복이 어떤 느낌 같은 거라고 생각하니?" 아줌마가 물었다.

"글쎄요. 그건 잘 모르겠어요." 영아는 조심스럽게 대답했다.

"만일 영아 생각에 행복이 추운 날 뜨거운 코코아가 목으로 넘어가고 있을 때의 느낌 같은 거라면, 아마도 꽃들은 행복할 수 없겠지." 아줌마는 조금 양보했다.

"우리가 알고 있는 한, 식물들은 그런 종류의 감각은 없으니까. 그러나 네가 가장 행복감을 느꼈던 시간 중에는 네가 좋아하는 일을 하고 있을 때가 있지. 재미난 놀이를 하고 있을 때 같은 거. 하지만 그때 너는 그 일을 멈추고 따뜻한 느낌을 가질 여유도 없어. 놀이에 빠져 있으니까. 그런데도 네가 행복하다고 느끼는 건 네가 어떤 일을 네 능력을 한껏 발휘해서 할 수 있기 때문이지. 꽃들은 머리를 꼿꼿이 세우고 자기가 할 수 있는 모든 힘을 다해서 꽃송이를 활짝 피워 내지. 꽃이 건강하고 충분하게 물을 빨아들였을 때 그렇게 되는 거야. 그렇다면 그것이 꽃의 행복이 아닐까?"

영철은 아줌마 얘기를 곰곰이 생각해 보았다. 자기가 가장 행복했던 순간 중의 하나로 크리스마스 이브 날 교회합창단에서 〔하늘 높은 곳에서〕라는 노래를 불렀을 때가 떠올랐다. 물론 그때 자기가 따뜻한 기분을 좀 느꼈을 수도 있었겠지만, 그것 덕분에 행복한 것은 아니었다. 그렇지 않으면 따뜻한 이불 속으로만 들어가도 행복할 수 있을 테니까 말이다. 어쩌면 모든 살아 있는 것들의 행복은 꽃방 아줌마가 말했듯이 자기 안에 들어 있는 모든 힘을 다해서 어떤 일을 아주 잘 해내는 것일지도 모른다. 꽃들에게는 꽃을 활짝 피워 내는 그런 일일 것이다.

그 다음 주에 우리는 완성된 이야기를 함께 읽었다. 나는 아이들에게 결말이 어떤지를 물어보았다. 대부분의 아이가 "좋아요"라고 하였다. "훌륭해요." 명호가 의기양양한 듯 이를 씨익 드러내면서 한 말이었다.

그러나 생각이 깊은 축에 드는 주희는 뚜렷이 불만의 빛을 나타냈다. 무슨 말인가를 우물거렸지만 잘 알아들을 수 없어서 다시 말해 보라고 했다. 그 아이는 이 이야기가 마음에 들고 멋진 이야기이긴 하지만, 여전히 그의 머리로는 이해가 가지 않는 대목이 있다는 것이었다.

"마음이 없는데 어떻게 행복해질 수 있나요? 마음이 없어도 행복해질 수 있다는 것이 과연 가능할까요?"

주희는 내가 이 문제를 해결해 주리라고 기대하지 않았다. 이 문제를 자기 자신의 문제로 받아들였다. 그 아이는 그 문제와 씨름해서 결국 스스로 해결할 것이다. 나는 주희의 이런 반응에 깊은 인상을 받았다.

5
어린이와 대화할 때 준칙 Best 7

1. 지름길보다는 오솔길이 낫다.

어른들은 어린이보다 상대적으로 지식과 경험이 풍부하다. 어린이와 대화할 때 '정답'을 말해 주고 싶고, '옳은 결론'을 제시하고 싶은 마음이 들 수 있다. 그런 마음을 자제하면서 인내심 있게 대화를 이끌어 가는 것이 중요하다. 대화는 일방적인 학습교육이 아니다. 특히 철학적 대화는 그 안에 단 하나의 올바른 결론이 없는 것들도 많다. 문제를 제기하고, 그것이 중요한 생각거리라는 것을 공유하는 것만으로도 큰 성과이다. 또한 일반적인 선입견과 달리 어린이와 어른의 생각은 큰 수준으로 벌어지지 않는다. 어린이 스스로 개성적인 실마리를 찾을 수 있도록 인내심을 가지고 지켜보는 것이 더 낫다.

2. 어린이는 속성재배 식물이 아니다.

어린이들의 주의력, 집중력은 어른보다 미약하다. 한꺼번에 대화주제가 소화되지 않을 때는 충분한 시간 간격을 두고, 두 번, 세 번 연속적으로 거듭 이야기할 수 있을 것이다. "네가 지난번에 이렇게 말하지 않았니? 지금도 그렇게 생각하니?"라고 관심을 가져 주면서, 대화의 주제를 환기시킬 수 있다. 이때 주의할 점은 교사가 자신이 한 말을 정확하게 기억해야 한다는 점이다. 어린이가 "그때는 다르게 말했는데"라고 말하게 해선 곤란하다.

3. 얘기가 이상한 곳으로 빠지면, 오히려 거기 구경을 하자.

어린이들은 새로운 생각이 들면 하던 얘기는 금세 제쳐 놓아 버린다. 또한 엉뚱하게 연상하거나 비약하는 일도 비일비재하다. 이럴 때 주로 이야기가 샛길로 빠지는데 그렇다고 교사가 초조해하거나 지나치게 견제하는 것은 금물이다. 주제를 이탈한 것 같아도, 큰 맥락에서 연결되는 경우라면 교사가 교통정리를 하면서 대화를 지속할 수 있다. 완전히 이탈했다면 새로운 주제로 이동해서 더 큰 수확을 할 수도 있다. 이미 흥미를 잃은 문제에 연연해할 필요가 없다.

4. 솔직한 감탄과 적절한 칭찬은 아이들의 마음을 키우는 종합 비타민이다.

어린이와 대화하면서 말재간에 놀라고, 상상의 힘에 놀라는 경험은 일반적이다. 어른이라도 권위를 잡지 말고, 대등한 대화 상대의 입장에서 감탄하는 것이 자연스럽다. 또한 칭찬은 아무 때나 '기 세우기'의 목적으로 하지 않아야 한다. 칭찬과 격려는 빈말이 아니고 정확한 내용으로 전달할 수 있어야 한다.

5. 금도끼냐, 은도끼냐, 아니면 쇠도끼냐?

어린이들이 자신의 생각을 정확히 표현하고 싶은데 말로 잘 안 될 때는 "네가 말하고 싶은 것이 이것이니?"라고 물어본다. 이것도 아니고 저것도 아니면, 또 다른 어떤 것을 찾아가야 한다. 이 과정에서 어린이의 입장이나 질문을 가능한 한 명료하게 표현하게 하고, 그것을 다른 말로 하면 어떻게 되는지도 계속 연결해서 생각할 수 있게 한다.

6. 내가 발언해야 기억에 남는다.

대화 상황에서 어린이가 그냥 듣고만 있고 활발히 발언하거나 질문을 하지 않는다면 사후 성찰의 계기를 놓치는 셈이다. 물론 어느 때나 꼭 목소리를 내야 하는 것도 아니고 말 없는 가운데 다른 사람들의 얘기를 경청하면서 동시에 자문자답하는 등 내면적인 활성화를 할 수도 있다. 하지만 일반적으로 볼 때는 자신이 말했던 내용이 되울리면서 되새김되는 경우가 많기 때문에 가능한 한 대화 상황에서는 적극적으로 의견을 표현할 수 있게끔 지도하면 좋을 것이다.

7. 나이 터울이 나는 아이들이 서로를 키운다.

교육은 기성세대가 차세대에게 문화를 전수하는 것으로 충족되지 않는다. 얼마 차이 나지 않는 또래 집단 내에서의 자극과 상호작용의 효과는 생각보다 큰 법이다. 이런 아이들끼리의 관계적 네트워킹에 힘입어 대화의 질적 상승을 도모할 수도 있다. 집단을 구성할 때 이런 점을 염두에 두면서 비동질적 집단 내에서 생성되는 활력을 새롭게 느껴 보자.

둘째 고개

철학적 대화의 기초 – 어린이와의 대화

짧은 생각에서 긴 생각으로,
얕은 생각에서 깊은 생각으로,
낮은 생각에서 높은 생각으로,
좁은 생각에서 넓은 생각으로,
작은 생각에서 큰 생각으로,
없던 생각에서 새 생각으로,
남들의 생각에서 내 생각으로,
생각에서 생각에 대한 생각으로,

가는 길(道)에 함께 동반하는 기쁨, 이것이 철학적 논술의 본령이다.

1
어린 시절의 마음 상자

"단풍잎이 떨어진다.
은행잎이 떨어진다.
사람이 그걸 보니
떨어지려 하다가
아야, 쿵."

여섯 살배기 여자 어린이가 자기 집 화이트보드에 써 놓은 글이다. 동선을 따라 영상이 흐르고 몸과 마음이 정말 떨어질 듯한 느낌을 준다. 이 나이의 특별한 감성을 잘 간직하면서 정서적 · 정신적으로 쑥쑥 커 가는 과정을 어른들은 주의 깊게 지켜볼 필요가 있지 않을까? 꼭 글뿐만 아니라 그림이나 노래에서 아이마다 고유하게 드러나는 마음 상자가 풍요로운 방향으로 채워질 수 있도록 하려면 어떻게 해야 할까?

우선 맘껏 자유롭게 말하고 표현하게 하고, 그 아이들이 크면서 논리적인 사고를 하게 될 때 함께 파트너로 대화를 나누어 주면 좋겠다. 어린이에게 고정관념을 주입하여 앵무새 같은 표현을 하게 하는 것보다 창의적인 사고를 끄집어내게 해야 한다. 고정관념을 포함하는 말들, 즉 (…)는 징그럽다, (…)는 더럽다, (…)는 무섭다, (…)는 소름 끼친다, (…)는 귀엽다, (…)는 멋있다 식으로 대상과 직렬된 대응적 표현들을 벗어던지고 자신의 체험 속에서 우러난 표현들을 격려해 보아야 한다. 뱀 같은 파충류를 키워 본 아이들은 우리가 상상으로 받아들인 징그러운 느낌을 떨쳐 내고 친구가 된다. 고정관념이란 사실 자신이 그 대상과 실제로 관계를 맺어 보면서 많은 부분이 깨져 나가는데 우리 아이들의 교육 환경이 너무 제한적이어서 문제가 될 뿐이다.

집에서 햄스터를 키우고 있던 한 여자 아이는 유치원 시절 성교육을 받고 엄마에게 다시 자기가 어떻게 태어났는지 물었지만 대답이 신통치가 않았던지 자기 나름의 설명을 해낸다. "나는 햄스터 꼬리를 잡고 미끄럼틀을 타며 엄마 배에서 나왔어요." 그 아이는 햄스터와 친구가 되면서 햄순이라 이름 붙이고 꽤 오랜 관계를 맺으면서 생명 세계에 대한 관심을 키워 나가는 중이다. 요새는 부쩍 질문도 많아지고 논리적인 사고를 담아 말을 해 대는 바람에 주위의 어른들이 곤혹스러워한다. TV 보도에서 요즘 부모가 다 바빠서 사랑을 제대로 받고 크는 아이가 없다는 말에는 의기양양하게 얼굴을 쓱 돌리더니 "여기 나 있잖아"라고 반례를 들었다고 한다. 얼마 전에는 가족의 불교 장례행사 가운데서 나온 극락의 설명을 듣더니 "엄마, 이 책을 쓴 사람은 거기를 갔다 왔대요?"라고 물어서 엄마를 난처하게 만들었다. "가 보지 않았으면 어떻게 알았을까? 갔다 해도 오지 않았으면 어떻게 책을 쓸 수 있었을까?"라는 논리적 추론이 담긴 말이었다. 또 할머니 말씀으로는 극락에 계신다는 부처님이 사람들의 아픔을 위로하기 위해 이 세상으로 이런 행사에도 오신다는데 "그럼 그분은 왔다 갔다 하나요, 거기에 쭉 있나요?"라는 질문을 했는데 아직 답을 못 얻었다고 한다.

이쯤 되면 어른이라고 해서 아이보다 철학적 의문을 더 많이 품었던 것도 아니고 그것에 스스로 답을 찾아가 보았던 것도 아님을 절감할 수 있다. 여기에 덧붙인다면 어린이건 어른이건 남의 말을 잘 알아듣기란 참 어려운 일임을 인식하게 된다. 따라서 어린 시절부터 제대로 듣기 위한 훈련이 필요하다. 가족 · 친지 등 주변 사람이 어떤 말을 하거나 의견 발표를 하고 나면 한참 시간이 흐른 후, 즉 그날 저녁도 좋고 그 다음 주도 좋고 그 당시의 논의 내용을 상기시키는 질문을 서로 해 보면 좋겠다. 말의 내용을 정확히 알아들은 다음에 '말귀'를 알아들을 수 있다. 말 자체의 내용과 그 말을 하게 된 배경 및 함축적 의미를 구분할 수 있다.

앞 장에서 소개한 "꽃들은 행복할 수 있을까?"라는 주제를 이후의 대화 상황에 새롭게 연결해 보려면 사다리처럼 질문들이 연속해서 나올 수 있게 주제를 발굴해 보아야 한다.

나팔꽃 같은 식물과 나는 친구가 될 수 있을까?
달팽이 같은 동물과 나는 친구처럼 이야기할 수 있을까?
나이 차이가 나도 친구가 될 수 있을까?
단짝 친구가 좋을까, 여럿이 친구가 좋을까?
친구 사이에는 비밀이 없어야 할까?
자기와 비슷한 친구가 좋은가, 다른 친구가 좋은가? 등등.

흔히들 요즘 아이들이 어른이 묻는 말에 대답을 하지 않고, "그냥",

"몰라"를 반복한다고 걱정들을 하는데 이는 엄밀히 말하면 주변 환경의 탓이 크다. 자신의 의견이나 궁금증에 대해 어른들로부터 쓸데없는 말이나 질문이라고 묵살된 경험을 가진다면 한 번 더 생각해서 의견을 말하려고 애쓰지 않게 된다. "내가 말해 볼게", "내가 대답해 볼게", "내 생각을 들어 볼래?"라고 말머리를 열면서 대화하도록 언어문화의 분위기를 변화시켜야 한다. 어른의 솔선수범은 언제라도 필수 조건이다.

한 예로 내가 좋아하는 일, 내가 하고 싶은 일, 내가 하기 싫은 일은 무엇무엇이고 그 이유가 어떤 것인지를 항상 생각해 보게 하고 몇 가지로(일반적으로 세 가지를 댈 수 있으면 충분함) 밝혀 보는 훈련을 일상화하는 것이 중요하다. 그 이유가 스스로 생각해 보았을 때 타당하지 않다면 이를 수정하고 또 다른 이유를 생각해 내는 실천적 과정이 가동되기 때문이다. 이런 과정이 지속적으로 더욱 활성화되었을 때 아이는 주체적이고 합리적인 사고를 몸에 익히게 된다. 이렇게 지도할 때 어른 혹은 선생님은 좀 버거울 수 있다. 설득할 때까지 시간도 오래 걸리고 어른 스스로 논리를 만들어 내야 하기 때문에 자꾸 쉬운 길로 가려는 유혹에 빠질 수 있지만 그것이 정도이다. 아이들의 감각적 판단에서 이성적 판단으로, 작은 경험에서 큰 일반화로, 보편화에서 다시 개성화로 가는 정신적 성장의 경로를 밟지 않고 속도전처럼 후딱 해치워 버릴 수는 없는 일이다.

2
어린이가 만난 어른의 일그러진 모습

대부분 어른은 어린이가 빨리빨리 성장했으면 하고 바란다. 개발시대, 권위주의 시대의 유산을 아직 청산하지 못하여 어린이 스스로 정답을 내게끔 시간을 두고 기다려 주지 않는다. 아이의 눈에 비친 어른의 단골 어휘는 "무조건 안 돼", " 말대꾸하지 마", "하란 대로 해, 다 너 잘되라고 그러는 거야" 등이다.

어린이는 부모에게 지적으로 종속된 열등한 존재가 아니다. 부모만이 아이에게 필요한 모든 것을 줄 수 있거나 주어야 하는 것은 아니다. 부모는 그런 부담감에서 벗어날 필요가 있다. 잘 키워야 한다는 목적의식에 내용이 채워지지 않으면 공허해지고 맹목적이 되기 쉽다. 좋은 영향을 주고자 하는 것 못지않게 나쁜 영향을 주지 않는 부정적(negative, 소극적, 수용적) 접근이 절실하다. 아이들과 밀접한 관계에 있는 존재일수록 그 가까운 거리에서 아이에게 상처를 주기가 쉽다. 부모 스스로 내가 아이에게 무엇을 하고 있고 우리 애를 어떻게 대하고 있는지에 대한 성찰적 인식이 필요하다.

'말대꾸' 라고 표현되는 상황을 보자. 버스 안이다.

할머니: (학생을 툭툭 건드리며) 학생 일어나 봐.

학　생: (머뭇거린다)

할머니: 아, 얼른 일어나.

학　생: 왜요?

할머니: 어른을 보면 얼른 자리에서 일어나야지. 학교에서 경로사상도 안 배웠어?

학　생: 여긴 경로석도 아니잖아요. 그리고 왜 저한테만 그러세요?

할머니: 아니 이놈이 어디서 눈을 동그랗게 뜨고 말대답이야. 일어나라면 얼른 일어날 것이지 젊은 것이. 요즘 것들은 위아래가 없어.

학　생: 나 원 참. 할머니, 저도 이 버스 돈 내고 타고요. 할머님한테 '이놈아, 젊은 놈이' 이런 욕 들을 이유 없거든요.

할머니: 넌 니 아비 어미가 버스에서 서서 가도 떡 하니 앉아서 가냐?

학　생: 우리 엄마 아빠는 할머니처럼 무조건 어리다고 가서 '내 자리 내놔라' 안 그러시고요. 할머님께서 알고 계신 경로사상은 모든 할머니 할아버지께 무조건 자리 양보하라는 사상은 아닙니다. 아시겠습니까?

할머니: 아니 이 버릇없는 놈. 어린놈이 누구를 가르치려고 그래. 너 이놈 어디 학교에 다니냐.

학　생: 그렇게 앉고 싶으시면 학생들 피해 주지 마시고요, 택시 타고 다니세요. 택시는 늘 앉아서 다닐 수 있거든요.

또 하나, 예나 지금이나 아이의 친구가 누가 되는지는 많은 엄마들의 관심사이다. 좋은 또래 친구를 잘 사귀어야 좋은 영향을 받는다고 생각하는 것이다. 한 엄마는 자기 아이에게 "너는 너보다 더 나은 애와 친구를 해야 한다"고 가르치셨다. "더 나은 애라니? 그럼 나는 못났다는 거예요? 내가 왜요? 나 괜찮은데" 아이가 쉽게 받아들이지 않자 애꿎은 꿀밤이 날아왔다. "공부도 더 잘하고, 더 똑똑하고 집안도 좋은 애를 찾아서 사귀란 말이야."

그 말을 듣고 그 엄마 딸은 "엄마, 그 집 엄마도 그렇게 생각하면 나랑 친구 하라고 하겠어요?"라고 했다.

또 하나 어느 날 라디오 방송에서 흘러나온 이야기이다.

엄마가 안 계신 틈을 타 아이는 아빠에게 살짝 "사탕 하나만" 하고 귓속말로 부탁했어요. 아빠는 냉장고 위 칸에서 얼른 사탕을 꺼내 주었습니다.

아빠가 아이에게 물었습니다. "아빠가 좋아, 엄마가 좋아?"

아이는 주저하지 않고 곧장 대답했어요.

"내가 좋아요."

아빠가 당황하며 "뭐?"라고 하는 순간, 아이가 물었습니다.

"아빠는 엄마가 좋아요, 내가 좋아요?"

아빠는 "아빠도 내가 좋아"라고 말할 수밖에 없었다지요.

요즘 우리 아이들은 진화 중이다. 예전 아이들 같으면 대답하기 곤란한 질문을 받을 때 우물쭈물하기도 하고, 상황 봐서 눈치껏 이랬다저랬다 답을 바꾸었는데, 요즘은 질문 자체를 봉쇄해 버리는 답을 내놓는다. 딜레마 논증에서 엄마와 아빠를 이분법적으로 선택하게 하는 두 뿔을 피해 버린 것이다. 이렇게 아이들이 약은, 혹은 사고가 앞서가는 상황에 오히려 어른이 적응을 못 하는 것 같다. 특히 철학적 문제에선 깊이가 어른 못지않다. 이때 논리적 반박력을 키워 주고 어른들이 아이들의 논리적 반박에 밀려 궁색해질 때라도 승복하는 것이 올바른 태도이다. 논리적인 영역에서도 문제아는 없고 문제부모, 교사가 있다고 할 수 있지 않을까.

3
감각의 교차 놀이

"너 이거 아니?" 이전에 "너 이거 좋아하니?"를 먼저 물어보는 일은 어린 시절 감성의 빈곤을 치유하는 첫걸음이다. 감성 없는 이성만으로 한 사람의 삶이 풍요해지는 것도 아니고 감성이 이성과 병행될 수 없는 것도 아니다.

어린이에게 다가가 말을 거는 법은 기술이 필요하다. 우선 서로에게 은밀하고 친숙한 시공간을 만든다. 예를 들어 밤에 자기 전에 책을 읽어 준다면 아이는 그냥 있지 않고 이것저것 물어보기도 하고 그 내용을 영상화하여(연상, 상상) 즐긴다. 또 책을 읽어 준 아이는 남의 말에 집중하고, 말뜻을 알아듣기 위해 노력하게 된다. 특히 바쁜 엄마 : 정이 고픈 아이의 경우 이러한 밀도 있는 관계 맺음의 시간이 소중하며, 어린이와의 관계에서 양적 공유보다 질적 공유가 더 중요하다는 것을 체험한다.

자기 전에 책을 읽어 주고 함께 책 내용을 공유해 보는 즐거움이 정착되면 또 다른 은밀한 작업을 위한 시공간을 만들어 보자. 책에 의존하지 말고 상상으로 여행 놀이를 해 본다든지 서바이벌 게임을 함께 꾸려 본다든지 하면 훨씬 더 색다르고 풍부한 두뇌 자극이 될 수 있다.

저학년 어린이일수록 꿈의 힘, 상상의 힘이 크기 때문에 감각의 교차 훈련이 효과적일 수 있다. 에바 졸러는 『엄마가 만드는 꼬마 철학자』[2]에서 "감각의 교차 놀이는 세상 밖에서 들리고 냄새 나고 맛을 보고 느껴지는 것들을 인식하기 위해서 매우 중요하다. 계속해서 우리의 내면 세계로 탐험 여행을 떠나기 위해서도 매우 중요하다. 우리는 가장 값진 보물을 찾게 될 것이다"고 말한다.

사과에는 어떤 소리가 어울릴까?
사과의 향은 어떤 악기와 비슷할까?
사과의 모양을 혀로 알아맞힐 수 있을까?
사과에 어울리지 않는 색깔은 무엇일까?
사과 껍질은 어떤 물건과 비슷할까?

편안한 분위기에서 눕거나 의자에 비스듬히 앉아서 이런 놀이를 해 보면 한 종류의 감각이 아닌 총체적인 감각의 기능들이 활성화되어 느낌이 스멀스멀 기어 나오고 모락모락 피어나고 왁자지껄 떠들어 대는 듯한 경험을 할 수 있다. 한 종류의 감각을 세심하고 섬세하게 파고들어 가는 것 못지않게 감각들끼리의 상호 교차와 소통을 해냄으로써 감성적 인식의 통로를 지나가게 된다.

---

2) E. 졸러, 『엄마가 만드는 꼬마 철학자』, 김현자 역, 인북스, 1999.

예 다음의 소리는 어떤 색깔, 어떤 모양, 어떤 악기, 어떤 맛, 어떤 냄새와 어울릴까요?

사이좋게 노는 소리
야단치는 소리
잔소리하는 소리
싸우는 소리
소곤소곤 이야기하는 소리
춤추고 노래하는 소리
화내는 소리
칭얼거리는 소리
쓰다듬는 소리
기도하는 소리
짜증 내는 소리
게임하는 소리
달리는 소리
비 오는 소리
차 소리
손가락을 다쳤을 때 마음에서 나는 소리
목욕하는 소리
과자 먹는 소리
받아쓰기 시험 치는 연필 소리

우리 교실에서는, 또 우리 집에서는 어떤 소리가 들리는가? 아이들이 함께 책 읽는 소리, 아이들이 왁자지껄 떠드는 소리는 주위 사람들을 즐겁게 한다. 어린이와 함께 철학하는 시간은 곧 철학적 풍요의 벌판을 달려가는 벅찬 기회이다. 어린이와 어른 둘 다의 마음이 확장되고 찌꺼기가 소멸하고 에너지가 차오르는 시간이다.

4
생각의 단서를 찾아서: 나는 …을 왜 좋아하는가

내가 좋아하는 과자는 … 이다, 왜?

내가 좋아하는 소리는 … 이다, 왜냐면?

내가 좋아하는 사람은 … 이다, 왜냐고?

내가 좋아하는 별명은 … 이다, 왜 그러냐면.

- 소꿉놀이: 밥그릇, 국그릇, 반찬 그릇, 간장 종지, 밥솥, 숟가락 등

1) 사람과 물건의 여러 중층적 관계를 파악하면서 짝을 지어 보는 놀이(모양, 기능, 성질에서 비롯된 연상)

아빠 - 제일 뚱뚱해요 - 밥솥

엄마 - 밥을 해요 - 밥그릇

할머니 - 제일 좋은 것을 써요 - 은 숟가락

언니 - 국을 좋아해요 - 국그릇

오빠 - 반찬만 먹어요 - 반찬 그릇

나 - 우리 집 귀염둥이 양념 - 간장 종지

2) 2차 관계에서 짝짓기(성질, 특성에서 비롯된 연상)

아빠 – 친절해요 – 그래서 젓가락

엄마 – 따뜻해요 – 그래서 국그릇

할머니 – 잘 웃어요 – 그래서 함지박

언니 – 큰소리쳐요 – 그래서 국자

오빠 – 잘 모르겠어요 – 그래서 뚜껑 달린 그릇

나 – 보물단지 – 그래서 고기 반찬

이러한 연상 놀이는 정답이 없다. 단지 왜 그렇게 생각했는지에 대한 설명을 끌어내는 도구이다. 아이가 끄집어낸 것은 '옳다', '그르다'의 판단이 적용되기보다 '꽤 그럴듯하다', '동떨어진 느낌이다' 정도로 느슨한 공감 기준에 따른다. 소꿉놀이와 비슷하게 목욕탕 놀이, 문방구 놀이, 모형 자동차 놀이, 과수원 놀이를 해 볼 수 있다.

5
설명 혹은 지식 전달은 이제 그만!

어떤 전형적 대화 상황을 소개해 보자.

선생님: 얘들아, 김중미 선생님의 『내 동생 아영이』란 책을 읽어 보니 어때?

영 초(초등 3 남자아이): 선생님, 근데 다운 증후군이 뭐예요?

선생님: 음… 다운 증후군은 염색체의 이상으로, 태어날 때부터 외모나 지능이 일반 사람들과 조금 다른 거란다.

영 초: (고개를 갸우뚱) 잘 모르겠는데요.

선생님: (영초를 컴퓨터 앞에 앉게 하며, 네이버에서 다운 증후군을 검색해 준다) 영초야, 마침 사진 자료가 있네.

영 초: (알겠다는 듯) 아아… 선생님! 우리 피아노 학원에도 이런 친구 있어요.

선생님: 음. 그러니? 근데 영초야. 그 친구에게 어떻게 대해 줘야 할 것 같아?

영 초: 선생님. 다른 애들이랑 똑같이 대해 줘야 할 거 같아요. 『내 동생 아영이』를 읽고 그런 생각이 들었어요.

선생님: (웃으며) 우리 영초, 참 기특하다. 선생님이 이 책을 읽게 한 보람이 있는데?

영 초: (눈 반짝이며) 선생님 다음에 읽을 책은 뭐예요?

대화는 인터뷰가 아니다. 학생이 여럿 둘러앉아 대화하는 상황에서 교사가 집단 인터뷰하듯 이런저런 의견을 물어보는 것이 아니다. 선생님은 답을 알고 있지 않다. 교통정리 하는 역할에 머물러야 한다. 선생님은 지식 데이터베이스가 아니다. 그런데도 알츠하이머가 무엇인지, 다운 증후군이 무엇인지 그 지식을 찾아 주고 그런 노인과 아이를 잘 보살펴야 한다는 훈계로 대화를 맺는 경우를 종종 본다. 그런 부모를 돌보기 위해 양로원이 좋은지 집에서 모셔야 하는 것이 좋은지를 기껏 물어보고 나서 근거를 갖고 양로원으로 모시겠다는 딸에게 섭섭함을 갖는 것은 비철학적이다. 또 여러 장애의 종류에 대한 지식을 주면서 "너는 그렇지 않은 게 얼마나 행복하니"라고 한다든지 혹은 "장애인과 잘 지내야 한다"는 도덕적 가치를 주입하는 경우가 많다.

대화를 통한 철학 교육의 효과를 높이려면 녹음을 하여 그것을 기반으로 한 2차 대화가 될 수 있게 해 본다. 녹음을 함께 들으면 대화 상황에 대한 호기심 속에서 집중적 관찰이 일어나고 자신과 참여자들의 언행에 대한 기억과 성찰의 계기가 된다. 지도자는 미리 대화 상황과 내용, 경우의 수들을 맛을 그리듯 그려 놓을 수 있어야 하지만 예기치 않은 돌발상황에도 여유 있게 융통성 있게 대처하려면 세부적인 질문들의 보따리들을 많이 준비해야 한다.

6
초등학교 저학년 논리논술교육을 위한 준비 재료

초등학교 저학년 시기 아이들의 내면은 매우 다중적인 모습을 보인다. 남이 자기에 관해 무슨 이야기를 하는지 궁금해하고 그 핵심을 파악하기 시작하며 동시에 자기의 생각과 느낌을 개성적으로 표현하는 길에 초보적으로 접어들기 시작한다. 이때 아이들은 육체적으로, 정신적으로, 사회적으로 성장해 가는 과정에 있다. 어떤 경험적 자료에 의하면 3학년과 4학년 때 다음과 같은 특징이 드러난다.

3학년

- 아버지(어머니)의 직업을 구체적으로 말한다.
- 틀린 것에 대해 창피해하며 감춘다.
- 왕따의 개념을 안다.
- 자기에게 불리한 이야기는 하지 않는다.
- 경쟁심이 생긴다.
- 호기심이 왕성하다.

• 좋아하는 가요의 가사를 외운다.
• 성별적 차이에 민감하다.

4학년

• 주장을 굽히지 않는다.
• 반항을 하기 시작하며 단체 행동을 한다.
• 사실적이거나 현실적인 이야기가 아니면 믿지 않는다.
• 개인차나 학력차가 심화된다.

이런 친구들과 논술교육을 하려면 아이들의 마음 상자 안을 잘 들여다볼 필요가 있다. 오랫동안 관계를 맺어 익숙한 자녀나 학생이더라도 몇 가지 자료를 통해 조사해 보면 의외의 특성들을 발견할 수도 있고, 생각보다 아이들이 부쩍부쩍 성장하기 때문에 그 흐름을 놓치지 않으려는 교사의 노력이 필요한 시기다.

한 예로, 좋아하는 단어, 싫어하는 단어, 어려운 단어, 나쁜 단어, 좋은 단어, 무서운 단어, 행복한 단어, 화나는 단어, 즐거운 단어… 식으로 개인별로 써넣게 하면서 왜 그렇게 생각했는지 이유를 설명하게 하면 경쾌하게 기분 좋게 다 함께 참여하는 수업을 할 수 있다.

다음에 나오는 표는 초등학교 4학년 4명을 대상으로 조사한 자료이다.

아이들은 자기들이 생각한 단어를 말할 때 주위에서 야유하는 소리가 들리거나 왕(?) 무시하는 분위기가 느껴져도 이를 견디면서 열심히 솔직하게 말한다. 내가 좋아하는(싫어하는) 단어를 남도 똑같이 좋아할(싫어할) 때도 있지만 꼭 그렇지도 않다는 경험이 나와 다른 친구들의 공통점과 차이를 발견하는 첫걸음이 되기도 한다.

하나 안타까운 것은 "돼지", "땅꼬마", "뚱땡이" 등 외모로 놀리는 말에 대해 민감하게 반응하는 것을 보면서 외모로 사람을 판단하는 세태를 근본적으로 바꾸지 않는 한 아이들 마음의 상처는 아물지 못하리라 생각한다.

또한 "너 그거 못하지?", "그러려면 하지 마", "허접" 등 인격적인 무

	유나	소연	장희	슬기
좋아하는 단어	초콜릿 사탕 석기시대 연필	부모님 강아지	아이스크림 돈 뱀 엄마, 아빠	토끼 햄스터 강아지
싫어하는 단어	난로 지우개 사마귀 말벌	숙제 병원 충치	벌 병원 유령	초콜릿 치과 괴물
어려운 단어	귀퉁이 풍습 민족 숙제	사랑 미래	존중 회초리 인생 어른	핥다
나쁜 단어	너 가 닭대가리 할망구 때리다	질투 지옥 미움 절교	헤어짐 바보천치 이혼	폭력 버림 돌머리 공부
무서운 단어	주온 숫자 4 령 코브라	유령 매 치과 드라큘라	귀신 잔소리 죽음	선생님 공룡 살모사 피
행복한 단어	생활 친구 행복함 부잣집	강아지 우정 상장 모범	가족 사랑 책 돈	천국 만화 칭찬

시나 모욕감을 유발하는 단어들이 너무 많이 오르내리는 점을 관찰하면서 우리 사회의 또 하나의 부정적 거울을 만난다. 성차별이나 나이차별, 학력차별 등 아이들의 인권을 존중하지 않는 상황이 사회 전반에 만연해 있는 한 우리 가정에서 혹은 우리 학교 단위로 아이들을 국지적으로 보호할 수는 없다.

우리가 아이들을 성적제일주의를 떠나서 개성주의 시각에서 보기 시작할 때 아이들의 자기존중감과 자아효능감이 증대할 수 있으리라 생각한다.

셋째 고개

철학적 질문 만들기 연습

주체적 사고는 집단주의의 압력을 이겨 내는 길이다.
비판적 사고는 권위주의에 대한 굴복을 깨뜨리는 길이다.
창의적 사고는 보수주의의 지체에서 벗어나는 길이다.
대안적 사고는 비판지상주의에 책임을 묻는 길이다.
개성적 사고는 다수주의의 이득을 포기하는 길이다.
유연한 사고는 기계주의의 경직을 털어 내는 길이다.

이렇듯 여러 갈래 길이 만나는 곳에서
철학적이고 생산적인 대화와 소통의 광장이 열린다.

1
인식론적 질문 만들기:
나는 그것을 어떻게 알 수 있는가?

아이들은 왜 찰흙이나 진흙 등 물컹거리거나 말랑한 소재들을 가지고 재미나게 놀까? 그것들이 마음대로 변형될 뿐 아니라 손에 닿은 감촉도 아주 부드럽고 미세한 자극이 느껴지기 때문일까? '똥' 역시 아이들에게 매우 친숙하고 흥미를 주는 소재이다. 똥은 사실 우리가 아기로 태어난 후 자기 힘으로 처음 만든 어떤 의미의 '생산물'인데 이것이 몸 밖으로 나오게 될 때 얼마나 흥미진진할 것인가? 어른들은 위생관념 때문에 그것과 접촉을 금기시하지만 유사 상품들이 여전히 횡행하는 것을 보면 소재로서의 가치는 가볍지 않은 것 같다. "오줌이나 똥을 누고 변기의 물 내리는 꼭지를 누른 다음, 변기 속이 어떻게 되는지 지켜보는 거"[3]라는 항목에서도 관찰 대상으로서의 똥의 인기는 여전하다.

같은 똥을 소재로 하더라도 독일 작가 베르너 홀츠바르트의 『누가 내 머리에 똥 쌌어?』와 한국의 권정생 선생님의 『강아지똥』을 비교해 보

3) 제라르 그레베랑, 『말해 봐, 너 이거 좋아하니』, 유정애 역, 현암사, 2000.

면 재미있다. 앞 책에서 주인공 두더지의 관심사는 오로지 '어떤 동물이 자기 머리 위에 똥을 쌌는가'이다. 이에 대한 해답을 얻으려고 자기 주위에 있던 비둘기, 말, 토끼, 염소, 소, 돼지를 직접 만나 그들의 똥을 확인하고 자기 머리 위의 것과 대조한다. 그 어떤 똥도 자기 머리 위에 있는 똥과 모양이나 색깔, 냄새가 같지 않아 고민에 빠지는데 날아다니던 파리가 냄새를 맡아 주고 범인을 확인해 주자 정육점 개 한스에게 똑같이 복수를 하고 끝낸다는 이야기이다. 이 책에서 요점은 인식론적인 것이다. 어떤 사실을 확인하기 위해 탐정처럼 증거를 찾아가는 과정상의 재미가 있다. 복수의 즐거움을 대리 체험하면서 끝내는 경우도 있겠지만 내용 전개상의 비약에 대해서도 생각을 돌려 보면 더욱 유익할 것이다.

올바른 인식을 찾아가는 과정은 세상에 대한 근거 없는 두려움을 없애 줄 뿐 아니라 미처 몰랐던 미지의 세계를 탐험하는 것과 같은 매우 생산적인 여행길이다. 때로는 오류를 통해서도 참된 배움으로 나갈 수 있고, 다른 사람과의 생각의 차이에 대해 이해할 수 있는 마음가짐을 얻기도 한다. 또 궁극적으로는 누가 어떻게 진리 주장을 할 수 있는가 하는 지식의 정당화 조건을 생각하게 해 준다. 잘 몰랐던 것, 혹은 틀리게 알았던 것이 드러나는 순간은 머리 안에서 번개가 치는 것 같은 인식론적 충격도 체험하게 된다. 새롭게 획득된 앎의 힘은 마치 우리가 천하장사라도 된 것 같은 뿌듯함과 자긍심의 바탕이 되기도 한다.

아이들과의 철학적 토론에서 인식론적 접근을 할 때는 일단 과도한 가치론적 평가 및 메시지 정리에 대한 경계심을 가지면 좋겠다. 즉 "내가 무심코 던진 돌멩이로 개구리를 죽일 수 있으니." 자기 행동의 결과에 대해 책임을 느끼자고 권장하거나, "한스가 잘 모르고 한 짓인

데 꼭 그런 식으로 복수를 해야 할까?" 식으로 행동의 윤리를 이야기해 보기 전에 충분한 인식론적 두뇌 훈련을 함으로써 생각의 재미를 경험해 보자.

- 두더지는 눈이 나쁜데 어떻게 머리 위에 툭 떨어진 것이 똥인 줄 알았을까?
- 두더지는 왜 자기 스스로 머리 위의 똥과 다른 동물의 똥을 비교해 볼 생각을 하지 않았을까?
- 두더지는 파리의 말을 왜 믿을 수 있었을까?
- 범인이 한스 아닌 다른 개(다른 동물)일 가능성이 있을까?
- 두더지가 한스에게 직접 확인하지 않고 한스가 잠자는 동안 머리 위에 올라가 실례(?)를 한 행동은 잘한 것일까, 잘못한 것일까?
- (이 책의 범위를 떠나 더욱 일반화된 상황에서) 사실 확인을 하지 않고 누군가를 범인으로 몬 적이 있는가?

등등으로 인식론적 질문을 연속해 나갈 수 있다.

『강아지똥』을 읽고 나서는 어떨까? "이 세상에 있는 아무리 더럽고 하찮은 것이라도 쓸모가 있다" 혹은 "똥은 다른 생명체에게 꼭 필요한 일을 해 주는 귀중한 존재이다, 누군가를 겉모습만 보고 판단해서는 안 된다" 등등의 메시지는 금방 파악이 된다. 게다가 똥이 노란 민들레꽃으로 승화되는 감동의 순간은 오랜 여운을 남긴다. 그 다음 순서로 우리 주위에 그런 역할을 하는 사람이 누군지 찾아보기 정도를 훈련하는 과정을 이어 간다. '아낌없이 주는 나무' 류의 사후 정리 방식이다. 그러나 그런 교육적이고 교훈적인 결론으로 쉽게 가 버리지 않고 인식적 깊이를 확보할 수 있는 토론을 전개해 보는 과정이 필요하다.

- 강아지똥이 없었다면 민들레꽃이 피어날 수 없었을까?
- 민들레꽃을 피운 것은 강아지똥의 힘인가, 혹은 민들레의 노력인가?
- 사람의 똥과 강아지똥은 무엇이 같고 무엇이 다른가?

2
존재론적 질문 만들기:
무엇이 존재하는가?

오에 겐자부로는 『'나의 나무' 아래서』[4]라는 자전적인 글을 남겼다. 그는 어린 시절 호된 열병을 앓았는데 당시 의사는 더는 치료할 방법도 약도 없다고 하면서 돌아가 버리고 어머니만이 희망을 잃지 않고 간병했던 당시를 회상한다.

나는 나 자신도 이상하게 여겨질 만큼 느릿느릿하고 작은 목소리로 물어보았습니다.

"엄마, 난 죽는 거야?"

"난, 네가 죽지 않을 거라고 생각해. 죽지 않도록 기도하고 있어."

"의사 선생님이, '이 아인 죽을 겁니다. 더 이상 어쩔 수도 없어요.' 라고 말씀하셨는걸. 그렇게 들렸어. 난 죽은 건가 봐."

어머니는 잠시 동안 가만히 계셨습니다. 그리고 나서 이렇게 말씀하

4) 오에 겐자부로, 『'나의 나무' 아래서』, 송현아 역, 까치, 2001.

시는 것이었습니다.

"만약 네가 죽더라도 내가 또다시 널 낳아 줄 테니까, 걱정하지 마."

"그치만 그 아이는 지금 죽는 나와는 다른 아이가 아닐까?"

"아니야, 똑같아. 내 몸에서 태어나서 네가 이제껏 보고 들었던 것들과 읽은 것, 너 자신이 해 왔던 일들 모두를 새로운 너한테 이야기해 줄 거야. 그러면 지금 네가 알고 있는 말을 새로운 너도 사용하게 될 테니까 두 아이는 완전히 똑같아지는 거야."

나는 뭐가 뭔지 잘 몰랐습니다. 그렇기는 해도 정말 마음이 안정되어 다시 잠들 수 있었습니다. 그리고 다음날 아침부터 회복되기 시작했습니다. 아주 느릿느릿 회복되었지만…

교실에서 공부하면서도, 아니면 운동장에서 야구를 하면서도 나는 어느새 멍하니 혼자서 생각에 잠기는 때가 있었습니다. 지금 여기에 있는 나는 열이 나며 고통스러워했던 그 아이가 죽은 다음에 어머니가 또다시 낳아 준 새로운 아이가 아닐까? 죽은 그 아이가 보거나 들었던 것, 읽은 것과 스스로 해 왔던 일에 대한 이야기를 어머니에게서 전부 듣고, 이전부터 해 왔던 말을 이어받아서 이런 식으로 생각하거나 말하는 것은 아닐까? **그 증거로 우리는 모두 똑같은 말을 이어받아 이야기하고 있는 것은 아닐까?**

그리고 우리는 모두 그 말을 완전히 자기 것으로 만들기 위해서 학교에 오는 것은 아닐까?"

오에 겐자부로는 이러한 생각의 연속으로 전에는 확실하게 이해할 수 있었던 일들도 어느새 잘 알 수 없게 되었다는 기분을 느꼈다고 한다. 그 핵심은 바로 내가 전에 죽었을 수도 있는 어떤 사람인가 아닌가의 문제로 압축된다. 이것은 존재론적 충격이라고 말할 수 있는 대목이다.

- 내가 다른 사람의 기억을 갖게 되면 그 사람과 합쳐지는 것일까?
- 내가 두 사람으로 나뉠 수도 있는 것일까?
- 엄마는 전에 존재할 수 있었을 나의 기억과 말, 경험을 새로운 나에게 다 전달할 수 있는 것일까?
- 우리가 학교에서 함께 공부하는 이유가 전의 그 아이와 똑같은 말을 하고 똑같은 지식을 갖기 위한 것일까?
- 우리가 죽으면 먼지가 될 뿐인가?
- 죽은 다음에 나는 어떤 감각기관으로 지금의 아이가 과거의 자기라는 것을 알아볼까?
- 나는 왜 여기에 있는가?

▶ 존재론적 질문의 예

사람은 죽어서 어디로 가는가?

우리 집 뚱이(강아지)에게 마음이 있는가?

3
가치론적 질문 만들기: 무엇이 옳은(착한, 좋은, 가치 있는, 바람직한) 것인가?

우리가 전지(全知)한 사람이라면 지식에 대한 탐구가 필요 없듯이, 우리가 완전한 선(善)을 구현하며 산다면 무엇이 좋은 행위와 실천인지 물을 필요가 없을 것이다. 결국 미숙한 상태의 윤리 의식과 가치관에서 벗어나 좀 더 나은 상태로 가고자 하는 의도에서 가치론적 탐구가 시작된다는 것이며 이는 개개인의 내면적 성취로 완성된다. 또한 이러한 개인의 자각과 각성은 인류 사회가 좀 더 집단적으로 윤리적 진화를 이루어 내는 바탕이 된다.

자기 성취적 인간과 사회적 평가에 의존하는 인간의 성취동기의 차이를 생각해 보자. 하나의 과제를 행할 때 시행착오 자체를 불가피한 것으로 받아들이면서 자기와의 승부를 내는 사람은 자신의 성취감과 희열을 발전의 동력으로 삼는 자이다. 이와 다르게 사회적 인정이나 주변에서의 존경심, 몸값 상승 등이 한 행위의 주요 변수가 되는 사람은 외부적 평가, 주변의 시선으로부터 자유롭지 못하다는 점에서 자주적이고 독립적인 실험, 혹은 그 과정의 시행착오와 실패, 위기를 주저하게 된다. 우리는 '사회적 인간' 일 수밖에 없지만 그 사회를 어떤 인간들이 구성해 내느냐는 점에 주목한다면 개성적 인간의 창출이 소망스러운 것이 아닐까? 사회의 규칙을 굳게 지키는 자들이 아니라 사회의 규칙 자체를 바꾸어 갈 수 있는 사람들의 장이 열렸으면 하는 것이다.

우리가 '무엇을 가치로 선택하는가' 하는 데서 스스로 숙고와 성찰의 과정을 성실히 축적해 갈 때 희망이 온다. 아무리 어려도 가치 판단을 할 수 있다. '벌거숭이 임금님' 의 허위가 폭로된 것도 무엇이 자기에게 유리한지 불리한지에 따라 판단하지 않고 맑은 눈으로 세상을 보는 아이들이 있기 때문이 아닌가? 아이들이 옳고 그름에 대한 단순한 이분법에 따라 사태들을 판단할 때라도 그것이 나름대로 근거가 있는 것이라면 더욱 합당하고 성숙한 판단을 할 때까지 북돋아 주는 것이 어른의 도리이다.

4
아이들로부터의 논리적 반박 즐기기

어른들은 스스로 어린 시절을 겪었기 때문에 지금의 어린이에 대해서도 잘 안다고 생각하기 쉽다. 게다가 어린이보다 지식이나 학식, 경험이 많기 때문에 사물에 대해서도 잘 판단한다고 생각하기 쉽다. 하지만 모든 부모나 선생님이 논리적으로 생각하고 따지고 판단하는 등 철학적인 면에서 앞서 있는 것은 아니다. 아이들에 대한 지도라는 부담감을 떨치는 첫걸음으로 아이들로부터의 논리적 반박을 즐기고 공유하면서 그 가치를 평가할 수 있는 사례들을 소개해 보자.

1) 두발 규제는 틀렸어요.

엄마: 엄마는 두발 규제가 정당하다고 생각하는데 너는 어떻게 생각해?

아들: 왜 그렇게 생각해? 모든 아이들이 원하는데…

엄마: '모든' 이라고 했니? 니 친구들 몇몇은 학생 머리를 더 좋아 한다며?

아들: 앗, 나의 실수. '모든'은 아니지만 대부분인 건 맞아.

엄마: 너는 왜 찬성하는데?

아들: 그건 자기 개성이니까. 각자 나름대로 개성이 있는데 그 개성을 무시하고 똑같은 머리를 한다는 건 사람의 권리를 무시하는 거고 규제를 한다는 것은 어른들의 권위적인 생각이지.

엄마: 그래도 머리를 규제하고 통제함으로써 어른들이 가질 수 없는 학생만의 특권을 누릴 수 있는 점도 있다고 생각하는데.

아들: 꼭 머리를 규제해야 학생만이 가질 수 있는 특권을 누릴 수 있는 건 아니지.

엄마: 사람이라면 어른이든 아이든 통제는 있어야 한다고 생각해. 예를 들어 운전할 때도 그 교통 규칙과 통제가 있듯이 학생들에게 두발 규제를 한다는 것은 학생으로서 지켜야 할 본분에서 어긋날 수 있는 소지가 많아서일 거야.

아들: 그거야말로 오히려 고집이지. 왜냐하면 신부님도 신부님 복장을 안 한다고 해서 신부님이 아니라고 말할 수 없지.

엄마: 근데 머리를 자유화하면 여자 아이들은 파마를 하는 아이도 있을 거고 남자 아이들 같으면 장발에 염색을 할 아이들도 있을 텐데. 그렇게 하다 보면 머리에 신경을 많이 쓰게 돼 공부하는 데 방해가 되고 집중을 하지 못하게 되지 않을까?

아들: 그건 억지지. 그건 자기가 책임져야 하는 일이지. 그거 말고도 다른 거… 음, 학교 생활할 때 학생으로서 책임을 져

야 하는 일이 많으니까 그 책임을 다한다면 머리 자유화 한다는 게 별로 문제가 안 된다고 생각해.

엄마: 머리 규제를 영원히 하자는 게 아니라 적어도 학생 때만이라도 그렇게 하자는 거야. 통제가 꼭 나쁜 것은 아니야.

아들: 머리 규제는 일제 시대부터 시작된 거잖아. 황국 신민 1, 2, 3 만들려고. 일본 강점기 때의 나쁜 습관을 아직까지 갖고 있다는 게 참 이상한 일이지. 그런 나쁜 통제가 좋은 점도 있다고?

엄마: 지금은 그런 시대도 아니고, 스스로 자율적인 통제를 함으로써 인내심도 길러질 수 있는 거야.

아들: 인내심은 다른 데서 길러도 돼. 점심시간 끝나고 5교시 때 얼마나 졸린데… 그거 참는 것도 인내야. 하하하.

엄마: 어쨌든 어른들은 너희들에게 경험을 통해 조언해 줄 수 있고 그 경험을 바탕으로 바른길로 지도할 수 있는 거야.

아들: 엄마가 학교 다닐 때는 상고머리나 뭐 그런 머리 딱 하나였다며? 머리를 마음대로 해 본 경험이 없는데, 어떤 말을 해 주실 수 있어요?

아이들을 지도하는 수업들이 기성세대의 경험적 판단을 전파하는 경로가 된다든지, 특정한 편견들을 전수하는 길목이 되지 않고 윤리적 판단 과정의 깊이가 실천되는 장이 되게 하는 일은 매우 힘들고 도전적인 과제이다. 때로는 윤리적 상대주의와의 싸움도 해 내야 하고, 윤리적 무규범(아노미) 상태에서 건져 내야 하고 윤리적 현실주의나 이기주의의 압력에 굴복하지 않도록 경계도 해야 한다. 하지만 그 길이 아무리 멀어도 선생님의 가치 판단을 또다시 주입하는 우는 범하지 않아야 한다.

아이의 눈에 비친 어른의 단골 어휘는 "무조건 안 돼", " 말대꾸하지 마", "하란 대로 해, 다 너 잘되라고 그러는 거야" 등이다. 일상에서는 그런 식으로 어린이의 생각이나 판단을 묵살하면서 논술교육 시간에 가치론적 토론이 잘되기를 바라는 것은 대단한 착각이나 망상이 아닐까? 또 학교와 학원, 가정, 사회, 매스컴 등 각종 사회적 장(場)에서 통용되는 문화적 가치가 차이가 날 때 가치관 교육은 들쭉날쭉이 될 수밖에 없다. "내 아이 하나를 제대로 키우기 위해서 온 세상이 필요하다"고 하는 말을 되새길 필요가 있겠다.

2) 난 엄마 것이 아니야.

초등학교 4학년이 된 둘째 아이 형호가 어느 날부터인가 엄마 말을 잘 안 듣기 시작했다. 컴퓨터 게임을 해도 되는 1시간의 약속도 잘 안 지켰다. 형과 사소한 말다툼이 잦아졌다. 형호의 영어 학원 친구인 영석이의 엄마 말로는 형호가 학원을 몇 번 빼먹은 적도 있다 한다. 엄마는 급기야 폭탄선언을 했다.

"김형호, 넌 내 거야."

"내가 왜 엄마 거예요?" 형호는 기가 막힌다는 듯이 쳐다본다.

"너 누가 낳았지? 지금까지 키우고 입히고 필요한 거 다 사 주고 누가 그랬지? 넌 엄마 거야."

형호는 아무 대꾸도 할 수 없었다. 엄마 말이 하나하나 다 딱딱 맞아 떨어졌기 때문이었다. '아 난 결국 엄마 것, 그러니까 엄마의 노예구나.' 그 생각에 이르자 형호는 밥맛이 딱 없어지고 의욕을 잃었다. 그 다음부터는 엄마가 시키는 대로 고분고분 말을 잘 들었지만 몸과 마음이 예전 같지 않았다. 친구들과 노는 것도 재미가 없었고 '스타크래프트'도 시들해졌다.

한 삼사일이 그렇게 흘렀을까? 형호의 기운 없는 모습을 지켜만 보던 엄마는 내가 너무 했나라는 생각이 들었지만 "곧 괜찮아지겠지"라며 애써 자위해 보았다. 일주일이 다 되어 가자 엄마는 위기감이 들기 시작했다. 저렇게 우울한 시간이 계속되면 안 될 텐데 몹시 걱정이 되었다. 그러던 일요일 아침 뭔가 이상했다. 형호가 룰루랄라 하는 발랄한 표정으로 식탁 앞에 앉았다. "엄마 계란 프라이 해 주세요." 그간 시키면 시키는 대로만 하고 뭘 해 달라고 하지 않던 애가 변한 것이다. 엄마는 말없이 밥을 차려 주면서 형호 표정을 살폈다. 말쑥한 얼굴이었다

형호의 말, "엄마, 나 일주일 동안 곰곰이 생각해 보았는데요, 나 엄마 거 아니에요." 이게 웬일인가 싶어 엄마는 예의 그 레퍼토리를 반복했다. 낳고, 키우고, 용돈 주고, 학교 보내 주고 등등. 형호는 "그건 다 맞는데요, 그래도 난 엄마 거 아니에요. 내가 엄마 거라면 엄마는 내가 하는 생각을 아시겠네요? 맞춰 보세요. 제가 지금 무슨 생각을 하고 있지요?" 엄마는 할 말을 잊었다. 거기에 연달아 형호는 "내가 엄마 거라면 엄마는 할머니 거고 할머니는 또 그 위로 이렇게 올라가야 한다"며 무한 소급의 오류를 지적하는 것이 아닌가?

▶ 형호의 논리

사람들은 자신의 생각에 대해 알고 있다.

나는 내 생각을 알고 있다.

엄마는 엄마 생각을 알고 있다.

내가 엄마 것이라면 엄마는 내 생각을 알고 있을 것이다.

엄마는 내 생각을 모른다.

따라서 나는 엄마 것이 아니다.

3) 값어치대로 나누어야지요.

작은딸 아이가 시끄럽게 울어 댄다.

엄마: 소연아 왜 그렇게 우니? 엄마한테 얘기해 봐.

소연: (울먹이며) 오빠가 과자를 안 줘요.

엄마: 아~ 아까 그 과자. 아까 오빠랑 언니랑 나눠 먹었잖아? 니꺼 벌써 다 먹었어?

소연: 응.

엄마: 근데 왜 울어. 니꺼 다 먹었으면 할 수 없지. 달라고 부탁해 보지.

소현(큰딸): 엄마 그게 아니라 오빠랑 과자를 나누긴 했는데요. 오빠가 산 건 비싼 거라 양으로 안 나누고 값어치대로 나눠서 소연이 거가 적어서 그러는 거예요.

엄마: 뭐야? 이장호! 너 이리 와 봐.

장호: 네?

엄마: 동생들이랑 과자를 샀으면 똑같이 나눠야지 값어치대로 나눈다는 게 말이 되냐?

장호: 뭐가 말이 안 돼요? 제가 산 건 비싼 거고 재네들이 산 건 싼 건데 어떻게 양으로 똑같이 나눠요. 공산주의도 아니구 엄마가 더 말이 안 돼요.

엄마: 아니 남도 아니구 다섯 살짜리 니 동생이잖아. 니 돈으로 사 줄 수도 있는데 똑같이 나누면 안 돼?

장호: 사 줄 땐 사 주는 거구. 각자 돈으로 먹고 싶은 거 샀는데

전 비싼 거구 재네는 싼 거 샀잖아요. 소연이가 제 것도 먹고 싶대서 나눴는데 동생이라는 이유만으로 똑같이 나눠야 한다는 건 말이 안 돼요. 당연히 돈 값어치대로 나눠야 그게 공평한 거죠.

엄마: 그러면 엄마도 이제 네 말대로 해야겠네. 소연이는 어려도 엄마가 힘들어 보이면 말 안 해도 와서 어깨도 주무르고 상 볼 때 수저도 놓고 재롱도 떨고 엄마 즐겁게 해 주는데, 넌 매일 엄마 말 안 들어 혈압이나 올리니까 용돈을 소연이하고 너하고 바꿔서 줘야겠다.

장호: 뭐라구요? 말도 안 돼요. 그러는 게 어딨어요? 유치원생하고 5학년생하고 씀씀이가 같아요? 필요한 게 다르잖아요?

엄마: 그럼 필요에 따라 용돈을 받는 게 맞다고? 지금까지 엄마도 그렇게 생각해서 차이 나게 주었는데, 아까 니 말은 과자는 필요에 따라 나누어서는 안 된다며?

장호: 그럼 엄마 말대로라면 양을 똑같이 나누어야 한댔으니까 음, 부피인 몸무게대로 계산해야죠? 소연이가 저보다 훨씬 가벼우니까 제가 용돈을 더 많이 받는 게 공평한 거예요. 그렇죠?

엄마: 뭐야?

넷째 고개

논리적 사유의 기초 1 – 옳은 말과 옳은 생각

논리의 힘은 아름답다. 힘의 논리는 추하다.

논리의 힘은 패자를 발전시킨다. 힘의 논리는 패자를 추락시킨다.

논리의 힘은 승자를 진화시킨다. 힘의 논리는 승자를 부패시킨다.

논리의 힘은 구경꾼을 즐겁게 한다. 힘의 논리는 구경꾼을 실망시킨다.

논리의 힘은 미래가 있다. 힘의 논리는 과거로 퇴행한다.

논리의 힘은 아름답다. 힘의 논리는 추하다.

논리의 힘은 패자를 발전시킨다. 힘의 논리는 패자를 추락시킨다.

논리의 힘은 승자를 진화시킨다. 힘의 논리는 승자를 부패시킨다.

논리의 힘은 구경꾼을 즐겁게 한다. 힘의 논리는 구경꾼을 실망시킨다.

논리의 힘은 미래가 있다. 힘의 논리는 과거로 퇴행한다.

두 사람이 말싸움을 하고 있다. 나이 많은 사람, 목소리가 큰 사람, 잘생긴 사람, 주변에서 인기 있는 사람, 배경이 든든한 사람, 권력이 있는 사람, 많이 배운 사람이 '단지 그 이유만으로' 이긴다면 얼마나 웃기는 일일까? 궤변을 하는 사람, 외부로부터의 권위에 의존하는 사람, 자신의 주장을 스스로 믿지 않는 사람이 이긴다면 얼마나 허망한 일일까? 말의 힘은 논리의 힘에서 비롯된다는 소박한 진실을 외면해서는 안 된다. 교육적 행위란 이 진실을 전달하고 전파하는 일이다.

초등학교 고학년생이면 자신의 생각을 분명히 밝히려 하고(밝힐 수 있고) 다른 사람이나 세상 돌아가는 것에 대한 비판적 안목도 높아질 때이다. 간혹 비판을 위한 비판인 듯한 그리고 애정이 담기지 않은 채 무기만 들이대는 대목이 발견된다. 이를 경계하는 것은 당연하지만 그것을 종착역이라고 생각할 필요는 없다. '여기에서부터 출발점이구나' 그렇게 받아들이고 이를 대안적인 사고로까지 발전시키기 위한 여정에 동반자가 될 수 있을 것이다. 여기에서 학생의 근거 있는 주장에 대한 경청과 존중은 선생님의 필수 품목이다.

[참고] 어떤 경험적 진술에 의하면 초등학교 5학년과 6학년 아이의 특징은 다음과 같다.

5학년

- 자신의 취향에 맞는 친구 무리가 생긴다.
- 주변에서 부추기는 말에 넘어가지 않는다.
- 존경하는 사람, 가장 좋아하는 연예인이 있다.
- 연예인에 대해 이야기하는 것을 아주 좋아한다.
- 남의 결점이나 잘못된 점을 비판한다.
- '잘못했다', '죄송하다' 라는 말을 끝까지 하지 않고 고집을 부린다.

6학년

- 친구들과 영화 보는 것을 즐긴다.
- 낭만적 이야기를 좋아한다.
- 임기응변 능력이 강해진다.
- 이유를 대며 이야기한다.
- 혼자 있는 시간을 더 좋아한다.
- 자기 얘기를 글로 잘 표현한다.

1
잘못된 말 찾아내기

재호와 고은이는 6학년, 3학년 세 살 터울이라서 많이 싸우기도 하고, 많이 아껴 주기도 하는 친구 같은 남매간입니다. 재호 엄마는 아이들의 말싸움은 야단치지 않지만, 오빠가 주먹으로 고은이 머리를 쥐어박는다든가, 고은이가 오빠를 발로 차면 그때는 크게 꾸중을 하십니다. 자기주장을 말이 아니라, 힘으로 관철하려는 사람이 세상에서 제일 못난이라고 생각하시기 때문입니다.

엄마의 생각을 전제와 결론으로 나타내면 어떻게 될까요?

폭력을 쓰는 사람은 못난 사람이다.
… 가 폭력을 쓴다.
따라서, … 는 못난 사람이다.

이 경우 재호 엄마는 자녀를 키우는 데 자신의 원칙을 갖고 있으면서, 매우 합리적으로 판단한다고 볼 수 있겠지요.

그런데 어느 날, 엄마가 조금 당황하게 된 사건이 생겼습니다. 뭐냐고요? 그날 고은이가 숙제를 급히 해치우느라고 방바닥에 공책을 놓고 왔다 갔다 하다가, 오빠가 신나게 보고 있던 TV 장면을 가리게 된 것이 싸움의 시작이었습니다. 애들이 한참 티격태격 말싸움을 하자, 엄마는 "둘 중에서 하나가 양보했으면 이런 일이 없었을 텐데, 둘 다 잘못한 거야"라고 생각하시고 다음과 같이 말씀하셨습니다.

재호가 고은이 숙제를 도와주지 않은 것이 잘못이다.
고은이가 오빠를 방해했으니 잘못이다.
둘 다 똑같다.

엄마의 말씀에 재호나, 고은이 둘 다 "내가 저 고집쟁이랑 어떻게 같아요?", "동생보다 TV를 좋아하는 오빠랑 어떻게 같아요?"라고 항의하는 것이었습니다.

그뿐만 아니라, 재호는 요즘 학교에서 논리 공부한 것을 응용해서 엄마를 궁지에 몰아넣고 말았습니다.

"엄마, 개는 동물이지요?
고양이도 동물이지요?
그럼 엄마 말씀대로라면, 개는 고양이인가요?"

엄마는 한 방 먹은 표정으로 잠시 고민하시다가 웃으시며 말씀하셨습니다.

"그래, 개와 고양이가 동물이라는 점에서는 같지만, 그렇다고 개가 고양이라고 말하면 틀린 거지. 마찬가지로 재호가 고은이인 것은 아니지만, 잘못한 점에서는 같은 거야."

엄마와 오빠의 논리 대결을 구경하면서, 고은이도 어느덧 오빠에 대한 미운 생각이 사라져 버렸습니다. 그러면서 슬그머니 걱정이 되었습니다. 자기가 미인이라고 예전에 말했던 것이 잘못인 것 같았거든요. "미인은 잠꾸러기다. 고은이는 잠꾸러기다. 따라서 고은이는 미인이다" 라고요.

1) 어린이들과 함께 본격적인 주제 토론을 시작하기 전에 개념을 명료화하는 것부터 연습하는 것이 좋다. 예를 들어 '폭력'이란 말의 쓰임새를 여러 가지로 나누어 보고, 제대로 쓰게 하는 것이 필요하다.

- 남의 물건을 슬쩍 훔치는 것은 폭력인가?
- 경찰 아저씨가 범인과 격투를 벌여서 범인을 잡게 되는 것은 폭력을 쓴 것인가?
- 상급생 형이 후배들에게 돈을 가져오라고 하는 것은 폭력인가?
- 선생님이 숙제 안 해 온 학생들을 자로 때리는 것은 폭력인가?
- 마을버스 아저씨가 아이들에게 '이 녀석들아, 조용히 해!' 하고 소리 지르는 것은 폭력인가?
- 영구임대 주택에 사는 아이를 '영구'라고 부르는 것은 폭력인가?
- 엄마한테 야단맞고 강아지를 발로 걷어차는 것은 폭력인가?
- 여자 짝꿍의 치마를 휙 들치고 달아나는 것은 폭력인가?

2) 이 글에 등장하는 엄마는 "폭력을 쓰는 사람은 못난 사람이다"라

는 생각을 하고 있다. 우리 또한 폭력을 쓰는 사람은 어떤 사람이라고 생각하는지 그리고 어떤 사람이 못난 사람인지 자신에게 속으로 물어 보면서, 그것을 명제로 나타내 볼 수 있다.

폭력을 쓰는 사람은 인간성이 나쁜 사람이다.
때리는 사람은 못된 사람이다.
폭력을 쓰는 사람은 멍청한 바보다.
폭력을 쓰는 사람은 자신이 없는 사람이다.
폭력을 쓰는 사람은 성질이 급한 사람이다.

좋아한다는 말을 못하는 사람은 못난 사람이다.
친구와 싸우고 우는 사람은 못난이다.
가위-바위-보에서 지고 나서 가방 들어 주기 약속을 깨는 사람은 못난 사람이다.
축구를 하다가 공에 세게 맞았다고 화내면서 집에 가 버리는 사람은 못난 녀석이다.
엄마한테 야단맞고 밥을 굶는 사람은 못난이다.

3) 엄마가 "재호는 고은이랑 같다"고 하신 말에 대해 재호가 반박한 것을 보고 어떤 느낌을 받았는지 말해 본다. 어린이들은 자신을 누구와 비교하는 말을 싫어한다. 특히 공부 잘하는 형, 피아노를 잘 치는 동생과 비교하면서 "너는 왜 그러냐?"라고 하실 때는 정말 자존심이 상한다. 자연히 다른 집 엄마, 아빠와 비교하여 말하고 싶은 충동이 생기는 것이다. "나는 나다"라는 긍지를 가질 수 있도록 해 주는 것이 좋다.

사례: 짱 놀이

짱아 짱아(합창),
우리 반에서 열쇠고리를 제일 많이 모은 짱이 누구지?(지호 물음), 김지호!(합창)
노래를 가장 큰 소리로 부를 수 있는 짱은 누구지?(서연 물음),
오서연!(합창)
친구들에게 최고로 친절한 짱은 누구지?(민정 물음),
서민정!(합창)

나는 (이렇다).
나는 (이런) 나를 좋아한다.
내 장점은 (이런) 것들이다.
나는 누구누구에게 없는 (이런) 점을 갖고 있다.
나의 개성은 (이런) 것이다.

4) 마지막으로, 상대방과 언쟁이 일어날 때, 당장 그 말에 대해 타당한지 아닌지 헛갈릴 때가 있다. 그 경우 그것과 같은 형식으로 되었지만 결론이 터무니없는 것을 생각해 내어 공박할 수 있다. 이것은 논증의 형식을 파악하는 고도의 능력이지만 작은 예부터 시작하여 발전시킬 수 있는 것이다. 고은이의 소리 없는 생각은 바로 이 능력을 드러내주는 것이다.

만화영화는 재미있다.

동화책은 재미있다.

따라서 만화영화는 동화책이다?

2
개념, 명제, 추리[5)]

1) 개념(낱말, 단어)은 생각의 맨 처음 단위이다. 개념은 대상을 분류하는 데 사용하며 추상적인 언어적 단위이다. 개념의 외연(지시 대상)과 내포(의미 내용)의 구분이 일차적이다.[6)] 개념들의 뜻의 차이를 분명하게 할수록 말이나 글을 통한 언어적 표현이 정확해지고 세련된다. 개념 구사에 따라 사고의 깊이가 생긴다. 개념을 명확하게 사용하기 위해서 애매성, 모호성을 가능한 한 피해야 한다.

'애매성' (ambiguity)이란 어떤 표현이 두 가지 이상 다른 뜻으로 이해될 때 의미가 불명확해지는 것이다. '모호성' (vagueness)이란 어떤 표현이 지시하는 대상의 한계, 기준, 범위가 분명하지 않아서 발생하는 불명확성이다.

---

5) 본서 87~94쪽은 소흥렬, 『논리와 사고』, 이화여자대학교 출판부, 2003 참조.

6) 필자가 어린 시절 어머니의 농담은 이런 식이었다. "찢어지게 가난하여 끼니를 이을 수 없던 어느 가족이 있었는데, 도저히 안 되겠어서 그 아버지가 이렇게 말했단다. 여보, 우리 각자 식량을 구해 봅시다. 당신은 친정으로 가구려. 나는 처가로 가겠소. 애들은 외가로 보냅시다."

가령, "나는 밤을 좋아한다"라고 했을 때, '밤'은 견과류의 밤일 수도 있고 하루의 늦은 시간을 가리킬 수도 있다.

또한 "저 사람은 대머리이다"라고 했을 때, 그 표현은 머리카락이 어느 정도 있는 상태에서 쓸 수 있는지 불명확하다.

연습 문제

아래 글에서 의미가 애매하거나 모호한 바를 지적하고, 설명하시오.

1. 예수는 누구나 다 좋아할 수 있는 사람이다.
2. 심순애는 이수일보다 돈을 더 좋아했다.
3. 대머리 총각과 키다리 처녀는 결혼하기 어렵다.
4. 공무원들은 골프를 못 친다.
5. 눈이 시리도록 푸른 하늘을 쳐다보았다.

2) 명제는 개념들을 연결한 것으로서, 주어 개념과 술어 개념으로 나뉜다. 명제는 참이거나 거짓인 값을 갖는다. 따라서 감탄문, 명령문, 의문문과 다르게 주 · 술 관계의 서술식으로 표현된다. 논리학 기초는 바로 이 명제에서 출발한다. 명제로써 물리세계, 심리세계, 언어세계의 사실을 나타낼 수 있다. 논리적 사고는 명제들 간의 관계를 추리하는 것이다.

연습 문제

1. 중국에서 불어 온 황사현상으로 감기환자가 많아진다.
2. 동방신기는 중성적이다.
3. 2 + 5는 7이다.

4. 나는 어제 일제고사 시험을 치르고 난 후 괴로웠다.
5. '총각' 은 결혼 안 한 남자이다.
6. 내일은 비가 오거나 비가 오지 않겠습니다.

3) 추리는 명제들 간의 논리적 관계를 판단해 내는 것이다. 올바른 판단을 정당한 추리라고 하고, 틀린 판단을 부당한 추리, 혹은 논리적 오류를 범한 추리라고 한다. 인간이 올바르게 추리할 수 있는 두뇌 능력을 발달시킬 수 없었다면 어떻게 되었을까 상상하기 어려울 정도로 올바른 추리는 인간의 지성을 성숙시키는 문화 자산이다.

이러한 추리를 위해서는 전제가 되는 명제와 결론이 되는 명제가 있어야 한다. '연역 추리' 는 전제가 참이면 결론도 반드시 참이어야 하는 논법이다. 전제들 간의 관계를 잘 알면 자동으로 결론을 낼 수 있다. 이러한 연역 추리는 추리들 중에서 가장 강력한 힘을 갖는 것으로서 필연적 진리를 대표한다. 예로서 삼단논법을 들 수 있다. 현대의 기호논리는 연역 추리를 더욱 발전시킨 것이다.

(전제 1) 모든 사람은 죽는다.
(전제 2) 소크라테스는 사람이다.
(결　론) 따라서 소크라테스는 죽는다.

진도는 전라남도에 있다.
전라남도는 한국에 있다.
진도는 한국에 있다.

어느 인간도 천사가 아니다.
어떤 인간은 천사이다.

모든 직업은 가치가 있다.
어느 직업도 가치가 없는 것이 아니다.
어떤 직업은 가치가 없다.
어떤 직업은 가치가 있다.

수학을 잘하는 아이라면, 과학자가 될 수 있다.
영희는 수학을 잘하는 아이이다.
따라서 영희는 과학자가 될 수 있다.

영희와 철수, 너희 둘 중의 하나가 이번에 상을 받게 된다.
영희가 상을 받지 못한다.
따라서 __________

콩 심은 데 콩 난다.
콩이 나지 않았다.
따라서 ________

[숨겨진 전제 찾기]
성직자들도 인간이다.
따라서 그들도 유혹을 받는다.

[숨겨진 결론 찾기]

철학자들은 돈 굴리기에 밝지 못하다.

그 사람은 철학자란 말이야.

3
참과 거짓

모든 명제는 참이거나 거짓인 값을 갖는다. 우리가 명제로써 물리 세계의 사실을 나타내거나 심리 세계의 사실을 나타내지만 그러한 지식이 곧 논리학의 내용은 아니다. 가령 "지구 온난화의 주범은 대기 오염이다"라는 명제는 자연과학적 지식 발전에 따라 참, 거짓이 판명된다. 또한 "유아들은 꿈과 현실을 구분하지 못한다"라는 명제의 진리값은 심리학에서 판별할 것이다. 그러나 "대기 오염은 지구 온난화를 야기한다"가 참이라면, "대기 오염은 지구 온난화를 야기하지 않는다"는 명제는 필연적으로 거짓이 될 수밖에 없다는 것은 논리학의 관심사이다. 즉 그 두 명제를 동시에 참이라 주장하면 논리적인 모순을 일으키게 된다는 것을 지적하는 것이 논리학의 일이다. 따라서 논리적 사고에서 참, 거짓을 따지는 것은 논리적(언어적) 세계의 사실에 대한 것이라는 것을 유념해야 한다.

1) 앞과 뒤를 바꾸어도 참이 되는 문장

1. 7 + 3 = 10
2. 은별이와 은솔이는 자매이다.
3. 사람과 강아지는 다르다.
4. 경주는 서울에서 멀다.
5. 아름이는 바름이의 연인이다.
6. 어느 고학년생도 거짓말쟁이가 아니다.

2) 앞과 뒤를 바꾸면 거짓이 되는 문장

1. X는 Y보다 크다.
2. X는 Y의 조카이다.
3. X는 Y의 아버지이다.
4. X는 Y보다 강하다.
5. X는 Y의 선생님이다.
6. 모든 가로수는 식물이다.

3) 두 문장을 하나로 결합해도 참이 되는 문장

1. 영희는 별이보다 키가 크다. 별이는 보미보다 키가 크다. 따라서 영희는 보미보다 키가 크다.
2. 영희는 별이보다 달리기를 못한다. 별이는 보미보다 달리기를 못한다. 따라서 영희는 보미보다 달리기를 못한다.

4) 두 문장을 결합하면 거짓이 되는 문장

1. 나는 아버지의 아들이다. 아버지는 할아버지의 아들이다. 따라서 나는 할아버지의 아들이다.
2. X는 Y보다 다섯 살 위다.
3. X는 Y를 좋아한다. Y는 Z를 좋아한다.

4
윤리적 고민

논리적인 사고는 실제로 우리가 부딪치는 여러 윤리적 상황에서도 잘 훈련될 수 있다. 왜 거짓말을 하면 안 되는가? 왜 착하게 살아야 하는가? 왜 동생을 사랑해야 하는가? 등의 질문에 대해 원칙적인 모범답안을 제시하려 하지 말고, 아동들의 가치 판단 능력을 길러 주는 구체적인 상황들을 구성해 보는 것이 효과적이다. 각 아동마다 다른 윤리적 원칙이 구체적인 상황에서 어떻게 고민하는지를 드러내 보이고, 그 갈등이 어떻게 해소될 수 있는지를 함께 모색해 볼 기회를 주는 것이다. 다음은 매튜스의 『어린이를 위한 철학이야기』에서 따온 것이다.

재인은 부모님께 허락받은 TV시청 시간(저녁 6시 반~8시)에 맞춰 일찍 숙제를 끝내고 신나게 TV에 빨려 들어가고 있었다. 〈카드 캡처 체리〉 후에는 곧 〈행진〉을 할 시간이 되어 가고 있었다. 딩동댕 초인종 소리가 들리더니 웬 아이들과 어른들이 들어오셨다. 어머니는 "재인아, 이 분들 뵌 기억 있지? 이태 전에 동해안으로 여름휴가 같이 갔던 엄마 친구 가족이잖아. 아이들이 많이 컸네요. 재인 네가 잘 데리고 놀려무나"라고 하시면서 그 손님들과 안방으로 들어가셨다. 재인은 "아이참, 곧 〈행진〉이 시작할 텐데"라는 생각에 건성으로 대답하고 다시 TV 앞에 앉았다. 아이들 세 남매가 쪼르르 TV 앞에 오더니 그중 한 아이가 소리쳤다.

"난 〈요정 컴미〉 볼래."

"그래."

나머지 두 아이도 동의하며 말했다.

"〈요정 컴미〉로 돌려."

"너희 정말로 〈행진〉 보면 안 되겠니?"

재인은 가능한 한 점잖게 손님으로 온 아이들의 의사를 물었다.

"안 돼."

아이들은 합창이라도 하듯 소리치며 재촉했다.

그중 한 아이는 아예 자기가 대장이라도 되는 것처럼 재인에게 아무 말도 없이 채널을 바꿔 버렸다. 재인은 어쩔 수 없다는 듯 일어나 부엌으로 나가 버렸다.

"왜 그렇게 심통 난 얼굴이니."

마침 차를 타고 계시던 어머니가 재인의 표정을 보더니 물었다. 어머니는 그간의 얘기를 들으시고, 타이르듯 말했다.

"그 아이들은 너보다 어리긴 하지만 그래도 아주 귀찮고 피곤하게 하는 애들은 아니잖니. 게다가 그 엄마 아빠는 우리랑 아주 오랜 친구야. 그 아이들에게 잘 대해 주렴."

"그런데 걔들은 〈요정 컴미〉를 보겠다고 그쪽으로 틀어 버렸어요!"

"저런, 너는 그 프로는 질색이잖아?"

어머니가 안됐다는 듯 말했다.

"그런데 이렇게 생각해 보렴. 한 사람만 행복해지는 대신에 세 사람이 행복해진다고 말야."

재인은 잠시 동안 그 말을 곰곰이 생각해 보고 나서 말했다.

"엄마, 도대체 왜 한 사람의 이익보다 세 사람의 이익이 더 낫지요?"

▶ 토론 거리

주인집 아이는 손님으로 온 아이에게 잘해 주어야 하는가?

손님으로 온 아이는 주인집 아이의 말을 잘 들어야 하는가?

주인집 아이에겐 의무가 있고, 손님으로 온 아이에겐 권리가 있는가?

손님으로 온 아이에게도 의무가 있다면 그것은 무엇인가?

주인집 아이에게도 권리가 있다면 그것은 무엇인가?

나이가 더 많은 아이에게는 어떤 권리와 어떤 책임이 있는가?

서로 다투다가 둘 다 행복하지 못한 경우도 있는가? 이때 누가 양보해야 하는가?

더 많은 사람이 행복한 것이 더 중요한가? 그렇다면 소수나 한 사람의 행복은 중요하지 않은가?

어른이 나서서 결정해 주어야 하는가, 아니면 아이들이 스스로 알아서 해야 하는가?

내가 주인집 아이라면 어떻게 할 것인가?

내가 손님으로 온 아이라면 어떻게 해야 하는가?

주인집 아이는 왜 자기가 양보해야 하는가에 대해 이해할 수 있는가?

왜 양보해야 하는 그 한 사람이 내가 되어야 하는가?

5
아이들과 함께 고정관념을 깨는 대화 만들기

『종이 봉지 공주』[7]를 읽고 나서 2학년생(지영)과 4학년생(도진) 두 아이와 나눈 대화이다.

도진: 이 책은 공주, 왕자 나오는 다른 책들이랑 다르네.

교사: 어떻게 다르다는 거야?

도진: 신기하네. 공주가 왕자를 구하러 갔네요? 항상 왕자가 공주를 구하러 가잖아요.

지영: 공주가 종이 봉지 옷을 입었어요.

교사: 또 다른 점도 발견했니?

지영: 다른 사람의 힘을 빌지 않고 혼자 왕자를 구해요.

도진: 왕자랑 결혼하지 않네요? 여기 왕자는 공주 드레스를 입지 않았으면 공주가 아니라고 생각해요.

---

7) 로버트 문치, 『종이 봉지 공주』, 김태희 역, 비룡소, 1998.

지영: 공주가 왕자랑 왜 결혼을 안 했는지 모르겠다.

도진: 왕자가 한심해서일 거야. 허름한 공주 옷을 보고 화를 냈잖아.

지영: 난 이 책이 참 통쾌해.

교사: 공주는 이런 사람, 왕자는 이런 사람이란 고정관념을 깨주어서 그렇다는 이야기니?

지영: 엘리자베스 공주는 용기 있고 총명해요. 바보 왕자 로널드. 그리고 사람을 외모만 가지고 보면 좋은 사람 못 만난다는…

교사: 둘이 화해할 길은 없을까?

지영: 로널드가 생각을 많이 바꾼다면야… 그래도 엘리자베스는 마음이 돌아서지 않을 걸요.

도진: 신데렐라에서도 왕자는 신데렐라가 똑똑한지 마음씨가 어떤지 알지도 못하면서 예쁘다는 이유만으로 찾아가 결혼하지 않나요? 신데렐라는 그런데도 왜 좋아라 했는지 몰라.

지영: 잘생기거나 아름답지 않은 사람은 결혼을 잘 못하는 것 같아요.

도진: 외모로 차별받는다는 얘기지.

교사: 도진이 얘기는 고정관념이 차별로 이어진다는 뜻이니?

도진: 예, 겉모습이나 외모로 판단하지 말아야 해요.

지영: 콩쥐팥쥐도 그래. 원님이 꽃 고무신 하나만 들고 찾아오는걸.

교사: 동화 안에서만 봐도 많은 편견이 들어 있는 것 같구나.

지영: '톰과 제리'에서도 고양이가 쥐 잡는 게 당연한데 톰이 너무 바보같이 나와요.

도진: 괴물도 그래. 예쁘고 귀엽게 생긴 괴물은 본 적이 없어요. 다 커다랗고 못생겼어요. 또 부모님이 혼자인 아이들은 다 착하고 열심히 살아요.

지영: 가난하고 불쌍한 사람만 착하게 나오고 부자인 사람은 항상 나쁘게 나와요.

도진: 선생님, 다음에는 외모 말고 다른 차별에 대해서도 이야기해 봐요. 공부 못하고 잘하고 이런 걸로 편애하거나 뭐 그런 거요.

지영: 나는 언니랑 차별 안 했으면 좋겠어요.

교사: 나는 나이 차별 안 받았으면 좋겠네. 젊은 여자라고 우습게 보는 사람들이 있거든. 그럼 우리 각자 절실하게 느끼는 차별 문제를 다음에 이야기해 볼까?

두 아이 함께: 딩동댕.

6
잘못된 고정관념 찾아내기
연습 문제

1) 될성부른 나무는 떡잎부터 알아본다.

이 말은 흔히 어른들이 자녀를 훈계할 때 쓰이는데, 한번 곰곰이 생각해 볼 필요가 있는 속담이다. 물론 씨에 벌레가 먹었거나 하여 떡잎이 상했다면, 좋은 나무로 성장하는 데 어려움이 있을 것이다. 그러나 정성껏 보살피고 북돋워 준다면, 아름드리나무가 될 가능성이 완전히 없는 것이 아니다. 즉 떡잎 때 그 나무의 성장 결과가 결정되어 있는 것은 아니라는 것이다. 하물며 어린이의 경우, 타고난 지능이나 성격 등이 완전히 그 이후의 생애를 결정한다고 볼 수 없다. 스스로의 노력 속에서 과거보다 더 나은 현재, 현재보다 더 나은 미래를 개척해 갈 수 있는 잠재력이 있기 때문에 단정적인 평가는 유보해야 할 것이다. 어른이 쉽게 던지는 근거 없는 말 때문에 상처 받고, 스스로 자기는 "아예 틀렸다"라고 생각하게 해서는 안 된다.

2) 여자는 우주비행사가 될 수 없다(남자는 간호사가 될 수 없다).

초등학생들의 생각도 어른의 축소판인 경우가 있어서, 잘못된 성 역할 고정관념을 자신의 것으로 받아들이는 수가 있다. "사내아이가 부엌에 들어가면 ○○가 떨어진다"라는 어른들의 말을 수없이 들으면, 자연히 그런 식의 사고방식에 젖어 들게 마련이다. 이것과 연장선에 있는 것이 여성의 일과 남성의 일을 구분하고, 그러한 역할의 차이가 체력 조건에서 온다고 생각하는 것이다. 그러나 요리사가 되고 싶은 남자아이도 있고, 우주비행사가 되고 싶은 여자아이도 있다. 사실 고정관념을 버린다면, 직업에서 여성 집단과 남성 집단의 차이가 아니라, 개인 간의 차이가 더 큰 폭으로 벌어진다. 앞으로의 시대는 성의 분업이 아니라 능력과 적성에 따라 직업을 선택하는 사회가 되어야 한다고 본다면, 가정이나 학교 등에서 벌어지는 아이들의 일상적 대화와 토론에서 평등한 성 관념을 키울 수 있도록 도와주는 일이 매우 중요하다.

3) 아이들이 잘못되는 것은 나쁜 친구를 사귀기 때문이다.

부모들은 아이가 품행이 거칠어지면, 나쁜 친구의 영향을 받아서 그렇다고 자기 아이만 두둔하는 것이 보통이다. 그러나 그 친구의 부모 역시 같은 생각일 것이다. 만일 두 문제아(?)가 무단결석을 해서 두 부모님 모두 학교로 불려 간다면, 교무실에서 서로 책임의 소재를 미루기 바쁠 것이다. 이런 식으로 다람쥐 쳇바퀴 도는 모양으로 이야기가 전개되면 아무것도 밝혀지는 것이 없다. 그런 경우 각자 문제의 원인을 다른 쪽에서 찾지 말고 자기 가정에 대한 어떤 불만이 그런 식으로 표출된 것은 아닌지, 감수성이 예민한 아이에게 어떤 고민이 생긴 것은 아닌지, 등등을 생각해 보아야 한다. "문제아는 없고, 문제 부모가 있을 뿐"이라는 어떤 선생님의 말처럼 한참 커 나가는 아이들에게 생각의 모범을 보이는 일이 선행되어야 한다.

다섯째 고개

논리적 사유의 기초 2–
체화된 사고 · 정서 그리고 내면세계

숙제 다했니 대신에 오늘 새로 알게 된 게 있냐고 물어 주고
일기 썼니 대신에 근사한 일 빼먹은 거 없냐고 물어 주고
몇 등 했니 대신에 네가 한 만큼 결과가 나왔냐고 물어 주고
학교에서 선생님 말씀 잘 들었어 대신에 재밌는 질문한 거 있니라고 물어 주고
커서 뭐가 되려고 그러니 대신에 크면 어떤 근사한 일이 생길까라고 물어 주고
너 참 똑똑하구나 대신에 참 노력을 많이 했구나라고 격려해 주면 안 되나?

숙제 다했니 대신에 오늘 새로 알게 된 게 있냐고 물어 주고
일기 썼니 대신에 근사한 일 빼먹은 거 없냐고 물어 주고
몇 등 했니 대신에 네가 한 만큼 결과가 나왔냐고 물어 주고
학교에서 선생님 말씀 잘 들었어 대신에 재밌는 질문한 거 있니라고 물어 주고
커서 뭐가 되려고 그러니 대신에 크면 어떤 근사한 일이 생길까라고 물어 주고
너 참 똑똑하구나 대신에 참 노력을 많이 했구나라고 격려해 주면 안 되나?

요즘 초등학교 고학년에서 중학교 신입생들까지 아이들의 모습을 보면 '아이들'이라고 말하기가 무색할 정도로 신체적으로 성장해 있다. 특히 키, 체중, 발 크기 등에서 그 전세대의 당시 표준적 체형과는 많이 차이가 난다. 이들의 신체적인 성숙의 분위기로 미루어 본다면 벌써 부모님 등 기성세대의 품을 떠날 수 있을 정도라는 생각도 든다. 사춘기를 일찍 맞이하고, 가족보다는 친구와의 우정이 더욱 중요해지면서 인간관계에서 헤어짐과 만남에 대한 준비도 많이 되어 있는 이 시기, 사회적 삶의 목표에 대한 고민도 늘어 가는 때에 우리 아이들은 어떤 도움이 필요한 것일까? '몸이 어른이 되어 가는 아이'는 자동으로 마음도, 생각도 어른으로 성장해 가는 것일까?

정신적, 정서적 성장기에서 겪을 수밖에 없는 다양하고 개인적으로 차이가 많은 종류의 혼돈과 갈등, 번민을 제대로 소화해 내지 못한다면 어른이 되어서도 마음속엔 아이가 들어 있는 소위 '성인아이'(adult child)[8]가 될 수 있다. 문제의 중심은 여러 관계들(부모-자녀 관계 등) 속에서 제대로 상호 보살핌을 하지 못했던 상황, 스스로를 이해하지도

8) 김경숙, 『성인아이 문제와 독서치료』, 한울아카데미, 2004 참조.

타인을 제대로 받아들이지도 못했던 미숙성에서 온다고 본다.

마음이나 생각이 성숙해 간다는 지표를 어디에서 찾을 수 있을지에 대해서부터 스스로 생각해 보고 아이들을 관찰하고 아이들과 대화해 보는 일을 멈추지 않는 어른들이 도움을 줄 수 있다고 본다. 첫 번째 관건은 올바른 삶의 좌표를 스스로 찾아가게 해 주는 일이다. 머릿속이 여물고 생각이 여물어서 튼실한 자아의 중심을 건설하게 해 주는 일이다. 두 번째 관건은 정서적 풍요로움과 개성의 독특성을 구가할 수 있도록 해 주는 일이다. 세 번째 관건은 사회와 나의 관계, 타인들과의 관계 안에서 의미 있는 고리들을 형성함으로써 삶의 자원들을 다양하게 향유할 수 있게 해 주는 일이다. 이 세 차원은 궁극적으로 가치관 정립의 길에서 만나게 된다.

1
사고의 체화

청소년기의 학생들에게 학교에서 교육하는 지식의 양은 꽤 많으며, 기타 매체들을 통해서 간접적으로 정보와 지식의 영역을 넓힐 수 있는 외적 요인들은 증가하고 있다. 과거에 정보 부족과 정보 독점이 사회적으로 문제가 되었다면 요즘은 넘쳐 나는 정보를 어떻게 자신의 지적, 정서적, 인격적 성숙에 도움이 되도록 관리할 것인가가 문제가 된다. 이러한 시대적 맥락에서 우리 학생들은 배움을 얼마나 자기식으로 소화해 내고 재해석하고 있는지에 관심을 두고 지도함으로써 '사고의 체화'에 이르게 한다. 특히 요즘처럼 정보의 바다를 헤엄치는 아이들이 자신에게 쓸모 있는 지식을 갈무리하고, 그것을 자기 것으로 만들어 가야 하는 때에 체화 없는 지식은 맹목적일 수 있기 때문이다.

다음은 중 1의 〔도덕〕 교과서의 일부 내용이다.

"나는 열다섯 살에 배움에 뜻을 두었고, 서른 살에 자립하였으며, 마흔 살에는 세상에 현혹되지 않게 되었고, 쉰 살에는 하늘의 뜻을 알고,

예순 살에는 귀로 듣는 대로 모든 것을 순조롭게 이해하게 되었으며, 일흔 살에는 마음 내키는 대로 좇아도 법도를 넘어서지 않게 되었다."

이는 공자가 만년에 일생의 학문 과정을 정리하면서 남긴 말로서 소개되고 있다. 이 내용을 아이들에게 자신의 인생으로 표현해 보라고 하면 어떻게 될까? "나는 여덟 살에 배움을 시작하였고, 열아홉 살에는 대학생이 되었으며, 스물여섯쯤 취직을 하였고, 서른 살이 되기 전에 결혼하여 아이들을 낳고 기르다가 오십이 넘으니 할아버지가 되었다…" 정도가 되지 않을까?

공자의 말씀과 이 아이의 말은 어떤 차이가 있는가? 공자의 말씀에는 연대기적인 성장 과정이 있으나 아이의 말에는 연대기만 있다. 공자의 말씀에는 세상과의 관계에서 성인(聖人)이 되어 가는 모습이 잡히지만 아이의 말에는 직책만 열거되어 있다. 공자의 말씀에는 자신이 개척한 길이 선명하게 보이지만 아이의 말은 일반적인 사항들로 채워져 있다.

이것은 우리 아이들이 아직 공자님 말씀을 자기식으로 소화하지 못하고 있다는 것이다. 많은 경우에 우리는 훌륭하신 분들의 발자취와 언행, 업적 등을 귀로 듣고 알고는 있으나 그것을 자기 언어로 갈무리해 내는 것, 자신의 삶으로 연결하는 것에까지 이르지는 못한다.

한편, 중학교 1학년인 한 아이는 "나는 초등학교에서 배움을 시작하였으나 재미가 없어서 놀기만 했다. 중학교에 들어와 달라진 점은 한의사가 되겠다는 목표를 가졌다는 것이다. 그 후의 내 일생은 보람 있는 한의사 생활로 채워질 것이다"라고 하였다. 이 아이의 경우 공자님의 말씀내용과 유사한 질적인 성장 경로를 스스로 설정하고 있다는 점에서 대략적이나마 체화된 좌우명을 갖는다고 평가할 수 있겠다. 그러나

인생의 지표를 나름대로 설정하게 되는 이 시기에 내가 왜 꼭 이러한 인생의 경로를 선택했는지에 대해 다른 사람, 다른 길, 다른 좌우명과의 대조를 통해서 더 선명하게 드러낼 수도 있었을 것이라는 아쉬움이 남는다.

또 다른 중학생은 초등학생 때를 그리워하면서 다음과 같이 말한다. "TV에서는 초등학생들도 고민이 많다는 뉴스도 하지만 나는 '초등학생 때가 참 좋은 때였다. 좀 더 놀걸…' 하고 후회도 해 본다. 어른들은 우리한테 고민거리가 늘었냐고 하지만 실은 고민하는 정도가 높아졌다… 바로 공부. 공부를 하는 것도 문제고 시험점수도 문제다… 나뿐만 아니라 얼마 전 성적표를 받은 주위의 내 친구들은 모두 그렇게 생각하는 것 같다. 모두들 그렇게 고민하기 때문에 TV 프로그램에서 하는 '공부 잘하는 법', '공부에 대한 강의'를 부모님이나 학생이나 눈이 뚫어져라 보는 것인지도 모른다. 내가 제일 좋아하는 학원 선생님께서 나에게 '지금 걷지 않으면 20살 이후엔 뛰어야 할지도 모른다.' 이 말을 하셨던 것이 기억에 남는다. 힘들겠지만 나도 스스로 컴퓨터 줄을 뽑고(!) 게임을 얼마나 안 하고 버틸 수 있는지 인내심을 길러야겠다."

10대 아이들이 한 살 더 먹고 한 학년 더 올라가는 일을 두렵게만 생각하게 된다면 문제가 심각하다고 볼 수 있다. 자신의 성장과 성숙은 자기실현으로 가는 뿌듯하고 충일한 체험인데도 이를 구가하지 못하고 "이제 난 죽었어" 식으로 과거 회귀적 퇴행성을 드러내는 모습이 우리를 안타깝게 한다. 학생들에 대한 동기부여 방식을 개선해야 한다고 생각한다.

일단 인생 실패에 대한 공포감을 주거나 처벌을 두려워하게 만듦으로써 끌어올리는 교육 효과와 스스로 단계별로 발전을 이루어 낸 성취감을 동력으로 하면서 형성되는 교육의 효과는 장기적으로 내용상 다르다. 또한 또래 집단에서, 학교에서, 학원에서 사회적으로 인정받기 위해서 노력하는 것과 자신의 지적 호기심을 발현하면서 문제풀이에 노력하는 것은 다르다. 자신의 성취 지향성을 높임으로써 자기 고유의 삶을 실현할 수 있다는 생각을 도입하는 것이 중요하다.

2
정서의 체화

청소년기의 아이들에게 사고의 체화만큼이나 중요한 것은 정서적으로 풍성하고 안정감 있는 자신을 만들어 가는 것, 즉 정서의 체화이다. 의식적인 부분과 감성적인 부분이 균형을 이루면서 발전해 가지 않으면 삶의 내용이 공허하거나 맹목적이 되기 쉽다. 사고와 정서는 서로 밀고 당기면서 인간을 형성해 가는 두 가지 동력이기 때문에 이 힘들이 성숙하게 결합할 수 있도록 지도하는 것이 중요하다. 교사는 아이들이 길고 짧은 글 속에 체화된 정서를 담기 시작하는 대목을 눈여겨보고 진솔한 대화의 소재로 삼아야 할 것이다.

사례 1: 초등 6년 〈부모님께 드리는 편지〉

오늘 도덕 시간에 참된 효도를 배웠어요.

그 책에는 "부모님이 원하는 것을 해 준다." "부모님을 욕되게 하지 않는다." "또 부모님을 존경한다." 등등 나왔어요. 지금 내가 해 줄 수 있는 것은 존경하는 것과 욕되게 하지 않는 것만 할 수 있어요. 내가 크면 원하는 것 다 해 줄게요.

내가 어릴 때는 선물인 줄 알았는데 마음의 선물이 중요하다는 것을 알고 편지도 썼어요.

내가 오늘만은 부모님을 존경하고 부모님을 욕되게 하지 않을 거예요.

부모님대로 말만 하지 않고 행동으로 실천할게요.

부모님이 선물한 CD 잊지 않을게요.

다시 태어나지 못해도 부모님을 잊지 않을게요.

효도를 많이 해서 부모님을 기쁘게 해 드릴게요.

마지막으로 또 한 말 하겠어요.

꼭 부모님을 잊지 않을게요.

부모님의 사랑에 대해 효행으로 보답하겠다고 재차 삼차 다짐하는 이 글을 읽으면서 "이젠 내 아이가 다 컸구나"라는 뿌듯함을 느끼면서 끝내도 되는 것일까를 생각하게 된다. 가치 있는 것에 대한 접근은 의지나 결심의 차원에서 이루어지는 것이 아니다. 그 소중함을 어떤 계기에 체화하게 되었는지, 부모님과 나의 소통과 교류는 얼마나 내실 있게 이루어지고 있는지 사유의 성숙 과정이 생략된 것은 아닐까 하는 의문을 갖는다.

부모와 나의 관계는 주고받는 관계인지, 사랑을 받으면 빚처럼 꼭 갚아야 하는지, 창의적 방식의 효 실천은 없는 것인지, 부모님 은혜에 보답하는 길은 하나인지 여럿인지 스스로 생각해 보아야 한다. 그런 틀 안에서 나름대로 콘텐츠를 구성해 가고 또 해체하고 재구성해 가는 과정을 밟지 않고 결론만 앵무새처럼 말한다면 개인 내면세계의 발전은 멀어진다.

▶ "사랑은 내리 사랑이다"라는 말은 어떤 뜻인가, 그리고 그 말은 맞는 말인가 아닌가?

사례 2: 초등 5년 〈주인공에게 편지 쓰기〉

성실함으로 빛나는 장미꽃 '어린 왕자'를 읽고

어린 왕자야. 안녕?

눈부신 햇살이 비치는 희망찬 아침이구나. 이 아침을 오늘 하루도 성실 하자꾸나.

내 소개부터 할까? 내 이름은 박○○, '성실 · 근면'이라는 교훈을 가슴에 간직하고 아름다운 내일을 향해 공부하고 노력하는 ○○초등학교에 다니는 꿈 많은 애란다.

어린 왕자야! 나는 너와 함께 친구가 되어 더욱더 성실한 아이가 되고 싶어 이렇게 편지를 쓴단다. 나는 너를 이제까지 알고만 있을 뿐 만나지 못했단다. 그것은 내가 이제까지 성실함을 깨닫지 못했다는 얘기야.

선생님의 권유로 우리 반 친구들과 나는 너를 만나게 되었단다. 그래서 나는 너와 함께 이야기를 나눌 수 있다는 것이 숲 속의 오솔길을 걸어가는 듯한 기쁨으로 너를 만나게 된 것이 무척 행복해.

너는 진짜 아름다운 눈을 가졌더구나. 어쩌면 사람들은 모두 겉껍질에 불과한 눈으로 아름다움을 모르고 사는지도 몰라. 하지만 너는 보이지도 않는 작은 상자 속의 양을 보고 무척이나 기뻐하더구나. 그 양은 바로 누구나 볼 수 있지만 진짜 중요함을 깨닫지 못한 자는 결코 알아낼 수 없을 거야. 세상의 장님이 눈으로 이 세상을 볼 수 없다 해서 마음까지 볼 수 없는 건 아니겠지. 진짜 장님은 마음으로 볼 수 없는 사람이라는 것을 나는 널 만나고서부터 알게 되었어 .

우리 반에서도 그것을 새삼 느낄 수 있어. 나에게 처음으로 '중요한 것은 마음' 이라는 것을 느끼게 해 준 친구가 있단다. 그 친구는 바로 내 짝꿍이야. **비록 고아이고 공부는 못하지만** 얼굴에 웃음이 가득해. 누구나 그 친구를 형편없는 애로 보겠지만 그것은 겉껍질에 불과해. 내 짝꿍은 세상을 아름답게 볼 줄 아는 눈으로 자기 자신을 반성하여 날마다 기록하는 아름다운 진실이 간직된 일기가 있단다. 남을 위해 봉사할 줄 모르는 친구는 겉으로는 우등생이라 불릴지 몰라도 아름다운 마음을 갖지 못했다고 생각해. 그래서 나는 항상 생각하고, 실천하겠어. 나의 꿈을 향해 열심히 공부하면서 내 짝꿍처럼 아름답고 진실한 마음으로 하루를 반성하며 성실하게 살아가는 아이가 되겠어.(하략)

글을 예쁘게 멋스럽게 쓸 수 있는 문장력과 표현력을 훈련하는 데도 시간과 노력이 많이 든다. 거기에 덧붙여 진정성이 느껴지는 글쓰기를 통해서 마음이 성숙해 가는 모습이 자연스럽게 흘러나올 수 있다면 훨씬 바람직하다. 위의 글은 짝꿍과의 관계에서 다른 친구들의 태도와 다른 차별성을 인정하기에는 구체적 내용이 결여되어 있어서 조금 아쉽다. 일기의 내용을 통해 짝꿍의 내면을 필자처럼 우리가 알 수 있고 그래서 독자에게 공감을 불러일으켰다면 훨씬 효과적이었을 것이다. 게다가 짝꿍이 자신의 봉사 대상으로 설정된 것은 아닌지 그로 인해 자신은 그런 '형편없는' 짝꿍과도 관계를 맺는 성실하고 아름다운 인간임을 자부하고 있는 것은 아닌지 우려도 된다. 위의 내용은 물론 글의 일부분이긴 하지만 전체적으로 꾸밈이 지나치면 소박한 내용을 담기 어려움을 보여 준다.

3
보이는 것과 보이지 않는 가치

아이들은 눈으로 보는 것에서 시작해서 보이지 않는 세계에까지 생각의 차원을 높여 간다. 주변에서 접하는 작은 항목들 가운데서 '내면의 중요성'을 드러내 주는 일들을 차곡차곡 종합해 봄으로써 마음속에 풍부하고 아름다운 커다란 세계를 또 하나 형성해 갈 수 있다. 아이들은 자신의 언어로 자신의 심리세계를 가꾸고, 틀을 만들고, 조형을 할 수 있다. 가치로서의 '평등' 개념이 각 아동의 균등한 성장 혹은 균일한 능력을 의미하는 것이 아닌 만큼 아동마다 각기 다른 색깔을 가진 내면의 다양성과 개성을 잘 발휘할 수 있어야 한다. 우리의 감각은 다른 사람의 외모를 미추, 장단, 흑백, 장애와 비장애 등등으로 구별할 수 있게 해 주지만, 지성의 빛은 다른 사람과 우리가 연결되어 통하게 하고, 자기 자신을 되돌아보게 해 주는 보이지 않는 친구이다.

다음은 6학년 〔도덕〕 교과서의 내용 중 일부다.

〈물질적 가치와 정신적 가치〉

"우리 주위에는 보고 듣고 느끼며 만질 수 있는 것들이 무척 많다. 이러한 것들은 우리가 살아가면서 의식주 문제를 해결하는 데 없어서는 안 되는 것들이다. 그러나 우리는 이러한 물질적인 것들만으로는 행복해질 수 없다.

물질은 우리 몸에 필요한 것을 채워 주지만, 시간이 지나면 없어지고 만다. 물질은 채워도 언제나 만족감이 없고 늘 모자란다. 또 물질은 무한정 있는 것이 아니므로, 어떤 사람이 많이 가지면 다른 사람은 적게 가지게 마련이다.

그러나 정신적인 것은 그렇지 않다. 시간이 흘러도 없어지지 않으며, 오히려 더욱 많아진다. 그리고 채우면 채울수록 더욱 풍성해지고, 여러 사람과 함께 나누면 나눌수록 점점 더 커지는 것이다.

우리가 좀 더 가치 있고 질 높은 삶을 살아가려면 정신적 가치를 더 소중하게 여겨야 한다. 우리의 삶에 정신적 가치가 더해질수록 그 삶은 행복하고 풍요로워질 것이다."

아이들이 정서적으로, 의식적으로 성장한다는 것은 자신의 안팎 세계를 두루 경영할 수 있는 능력을 갖는 것, 다른 말로 하면 감각세계와 의식세계의 균형을 잡아 자기 안에서 통합시켜 낸다는 것이다. 아이들과 집단적으로 대화하고 토론하면서 감수성 있고 예민한 사고를 표현할 수 있는 계기를 계속 찾아 주어야 할 것이다.

동생과 사과 나누어 먹기 — 알고 있는 이야기 나누기

겉으로 멋쟁이 — 속으로 멋쟁이

외모에 의한 별명 — 내면적 별명

헛똑똑이 — 똑똑이

난 사람 — 된 사람

몸의 병을 고치는 의사 — 마음의 병을 고치는 사람

졸음을 참는 것 — 모욕을 참는 것

빛과 소금 — 세상의 빛과 소금

떨어진 가방 끈 꿰매기 — 잘못된 습관 고치기

티눈 수술 — 냉소적인 말투 버리기

편식 — 마니아

가난한 사람 — 마음이 가난한 사람

집을 짓는 사람 — 나라를 만드는 사람

4
하나의 문제에 대한 파악을 모형적 사고(추상적 사고)로 이어가기

어떤 사안에 대해 주관적 관점에서 평가하거나 주장해야 할 때, 자신의 논점을 객관적으로 근거 있게 설득해야 할 때 아이들은 자신 없어하거나 의견을 정하지 못하고 왔다 갔다 할 때가 많다. 사실 하나의 견해를 갖는다는 것은 일회적이고 즉각적인 사고에서 가능한 것이 아니고 수많은 사례 가운데서 자신만의 일관되고 통합적인 사고 체계가 형성되는 긴 여정이다. 교사는 이 과정에서 한 사안을 다룬 토론에서 제시된 문제 모형을 다른 사안을 다룬 토론에서도 동일하게 적용해 보는 훈련을 시켜야 한다. **"지난번에 이런 유형의 문제에 대해 토론해 보지 않았니?"**라고 환기시키면서 교사는 새 문제를 하나의 모형 사례로 접근할 수 있도록 도와주는 것이 좋다. 이 과정은 작은 집단(학급, 가정) 안의 문제를 더 큰 집단(이웃과의 관계, 사회문제)의 문제와 연결하는 훈련도 되기 때문에 아이들의 시야를 확장하는 계기가 된다.

모형 1) 무엇이 공평한 것인가?

사례 1: 자리 바꾸기

주영이는 5학년 때부터 보라와 매우 친하게 지내 왔다. 친구들도 주영이와 보라가 다정하게 지내는 것을 부러워하고, 때로는 샘을 내기도 하였다.

6학년 새 학기가 시작되는 날, 주영이는 보라와 같은 반이 되어 얼마나 기뻐했는지 모른다. 그런데 지금까지 주영이는 한 번도 보라와 짝이 되지 못했다.

오늘은 자리를 바꾸기로 한 날이었다.

"선생님, 친한 친구끼리 자리를 앉게 해 주세요."

주영이가 선생님께 애원하듯이 말씀드리자, 민수도 거들었다.

"선생님, 주영이는 보라와 짝이 되는 게 소원이래요. 한 번만 앉게 해 주세요."

"그래? 그럼 좋아하는 사람끼리 한번 앉아 볼까?"

선생님의 의견에 찬성하는 아이들도 있었지만, 반대하는 아이들도 있었다.

"보라는 키도 작고 눈이 나빠서 앞자리에 앉아야 하는데, 키가 큰 주영이가 그 옆에 앉으면 우리는 칠판 글씨가 보이지 않을 거예요."

"친한 친구끼리만 짝이 되게 하는 것은 공평하지 못해요. 친한 친구가 없거나 따돌림을 당하는 아이는 어떻게 되겠어요?"

"키가 크고 눈이 좋은 게 죄니? 왜 키가 크고 눈이 좋은 아이는 뒷자리에만 앉아야 하니? 앞자리나 뒷자리나 돌아가면서 앉는 게 공평한 것이지. 그리고 싫어하는 아이와 1주일 동안 함께 앉아 공부한다는 것이 얼마나 괴로운지 너희도 잘 알잖아?"

"그럼 키도 작고 눈도 나쁜 네 친구 보라가 맨 뒤에 앉아서 공부해도 괜찮단 말이니?"

용성이가 말하자, 주영이와 보라가 유별나게 친하게 지내는 걸 못마땅해하던 유진이도 거들었다.

"5학년 때에도 주영이는 수업 시간에 보라와 자주 떠들어서 우리 분단이 떠든다고 선생님께 늘 꾸중도 듣고 주의를 받았잖니? 내가 그때마다 얼마나 속이 상했는지 아니? 분단 토의 시간에도 둘이서만 쑥덕거렸잖니?"

"자, 지난 이야기는 하지 말고, 우리 반 모두가 어떻게 하면 공평하게 앉을 수 있는지 곰곰이 생각해 보세요. 여러분의 의견을 듣고 내일 자리를 바꾸기로 하겠어요."(초등 6 〔도덕〕 중에서)

사례 2: 사과 나누기

"지금, 여기에 사과 100개가 있고, 학생들은 모두 50명이 있다고 하자. 선생님이 이 사과를 학생들에게 나누어 준다고 할 때, 어떻게 나누어 주는 것이 가장 좋은 방법인지 생각해 보자.

(1) 학생 한 사람에게 2개씩 나누어 주는 방법

(2) 학생 한 사람에게 1.5개씩 나누어 주고, 나머지는 선생님이 알아서 처분하는 방법

(3) 선생님이 알아서 적당히 나누어 주는 방법

(4) 기타

▶ 토론의 정리 단계에서 동일한 모형의 다른 사례를 발표하고 거기에서도 '공평'한 원칙에 따른 결정이 나올 수 있게 도모한다(예: 지하철에 경로

석을 만들어야 하는가? 여성에게 국회의원직을 할당해야 하는가?).

모형 2) 딜레마를 어떻게 극복할 것인가?

사례 1

"몇 명의 여학생들이 언덕 위에 있는 학교를 향해 급한 걸음으로 올라가고 있었다. 서둘러 빨리 걷지 않으면 지각을 할 만큼 시간이 빠듯하였다. 그런데 그때, 언덕길 중턱에서 할아버지 한 분이 과일을 가득 실은 손수레를 힘겹게 끌고 계셨다. 그것을 본 여학생들은 한순간 멈칫했다. 그러나 몇몇 여학생은 걸음이 다시 빨라졌고, 다른 학생들은 손수레를 밀기 시작했다. 손수레를 밀고 고갯마루까지 올라갔을 때에는 등교 시간이 5분이나 지나 있었다."(중 1 〔도덕〕 중에서)

사례 2

"얼마 전에 영옥이네는 여러 가족이 살 수 있는 큰 집을 구해서 이사를 하였다. 새 집은 아니었지만 여러 가족이 살기에 편했다. 특히 집 앞에 빈터가 있어서 채소를 심고 화초를 가꿀 수도 있었다. 어머니께서는 채소를 심으면 싱싱하고 맛있는 무공해 채소를 먹을 수 있게 될 거라고 하면서 좋아하셨다."

(중략)

이튿날 아침, 가족들이 빈터의 땅을 일구고 있을 때, 동네 어른 몇 분이 찾아오셨다. 그중에 반장 아주머니라는 분이 어머니께 말을 건네셨다.

(중략)

"영옥이 어머니, 이 터가 영옥이네 소유인 것은 잘 알지만, 그동안 동네 어린이들이 놀이터로 이용해 왔답니다."

다른 아주머니께서도 말씀하셨다.

"여기에다 영옥이네가 밭을 일구게 되면 우리 동네 아이들은 차가 다니는 길에서 놀 수밖에 없습니다."

동네 사람들의 말을 듣고 있던 삼촌이 나섰다.

"그럼 언제까지 개인 땅에서 동네 아이들을 놀게 할 겁니까? 이 땅 주인도 생각해 주셔야지요."

"그러잖아도 놀이터를 만들어 달라고 구청에 여러 차례 건의하였더니, 내년에는 어린이 놀이터를 만들어 주겠다고 했습니다. 그러니까 올해만 아이들을 위해 빈터를 그대로 두시고, 내년부터 밭을 일구시면 어떻겠습니까?"

반장 아주머니의 말씀을 듣고, 아버지께서는 이렇게 말씀하셨다.

"지금 확실한 대답을 드리기는 어렵습니다. 가족들이 함께 상의해 보고, 연락을 드리도록 하지요."(중 1 〔도덕〕 중에서)

위의 두 사례 모두 나의 이익과 남의 이익이 충돌하는 현장에 대한 것이다. 이때 어떤 원칙으로 행위를 결정해야 하는지에 대해서 토론해 본다. 또한 위와 동일한 모형이면서 구체적인 사례가 다른 경우도 하나씩 학생들이 꺼내어 이를 모형과 연결해서 토론해 보면 확실한 모형 파악이 될 수 있다.

5
가상상황을 설정하여 아이들의 창의적인 해결 방안을 두루 꺼내 놓게 하는 연습

철학적 사고는 현실의 문제, 현상에 대해서도 적용해 볼 수 있지만 가정된 상황, 일어날 가능성이 있는 상황에 대해서도 진행시켜 볼 수 있다. 이는 일종의 '사고실험'으로서 철학적 사고의 훈련에 도움이 된다. 다음은 윤리적 사고를 동원하는 훈련 프로그램으로 각계에서 사용하는 '생명선' 문제이다.

"항해하던 큰 배가 파선하여 조그마한 생명선들에 사람들이 서로 다투어 올라타게 되었다. 어느 한 작은 생명선에는 8명의 사람이 탔는데 그 생명선이 지탱을 하려면 적어도 한 사람은 제외되어야만 하는 실정이 되었다. 우선 한 사람이 제거되지 않으면 거기 있는 사람들 모두가 생명을 잃게 될 급박한 상황이다. 그들 여덟 사람 중 누가 희생되는 것이 윤리적으로 타당하다고 할 수 있을까? 살인하지 않는 것이 도덕규범상으로 옳은 일이지만, 나머지 7명을 살리기 위해서 한 사람이 희생되는 것이 옳다는 생각까지는 할 수 있다고 하더라도, 그 한 사람을 결정하는 데 있어서 어떤 판단기준을 적용하는 것이 타당할 것인가?

문제의 상황을 좀 더 구체적으로 만들기 위해서 그 생명선에 있는 여덟 명의 신분과 상태를 아래와 같이 가정해 보자. 즉 그 여덟 사람은 임신한 여인, 목사, 기업체의 재벌 사장, 파선한 배의 선원, 정년퇴직한 늙은 교수, 간호사, 배가 파선되는 과정에서 한쪽 다리의 골절상을 당한 경찰관, 살인죄로 20년 형을 치르다가 특사로 석방된 전과자 등으로 구성되어 있다고 하자."[9]

이 문제를 접하면 아이들은 의무와 권리, 책임, 더 가치로운 삶, 정의로운 결정 등에 관한 자신의 주장들을 꺼내 놓을 것이다. 어려운 문제일수록 논란거리가 많게 마련이다. 이때 아이들은 제각각 자신의 논점을 피력하면서도 결론에 대한 합의를 끌어내도록 노력한다. 그러나 끝까지 하나의 방향으로 결론이 집약되지 않을 수 있다. 자신이 중요하게 생각하는 가치가 각각 다를 수 있기 때문이다. 결론을 획일적 · 기계적으로 도출하지 않고 자신의 근거를 남에게 최대한 설득하여 정당성을 확보하려는 노력이 중요하다. 아이들의 사고는 이 과정에서 여물어 간다.

---

9) 소흥렬, 『윤리와 사고』, 이화여자대학교 출판부, 1985.

여섯째 고개

비판적 사고와 비판적 글쓰기, 창의적 사고와 개성적 글쓰기

어린이가 어른의
복제품이 되면 새로운 문화가 창조되지 않는다.
투자상품이 되면 돈벌이의 수단이 된다.
명품이 되면 대리만족의 도구가 된다.
어린이가 스스로 자신을 성취하여 걸작품이 되게 도우려면
어른의 생각부터 파헤쳐 볼 일이다.
어른의 뇌부터 말랑말랑하게 만들어 놓을 일이다.

어린이가 어른의
복제품이 되면 새로운 문화가 창조되지 않는다.
투자상품이 되면 돈벌이의 수단이 된다.
명품이 되면 대리만족의 도구가 된다.
어린이가 스스로 자신을 성취하여 걸작품이 되게 도우려면
어른의 생각부터 파헤쳐 볼 일이다.
어른의 뇌부터 말랑말랑하게 만들어 놓을 일이다.

교육은 백년지대계(百年之大計)라고 하지만 교육의 내용과 교육 방식 자체는 시대마다 새롭게 문제제기가 이루어지고 있다. 당대는 비판적이고 창의적인 사고가 또 하나의 캐치프레이즈가 될 정도로 사회 변화에 발맞춘 교육이 절실히 요구된다. 교사가 이러한 흐름을 환영하고 선도할 때 논술적, 철학적 사고 능력이 내실 있게 발전할 수 있을 것이다. 소위 "수업 분위기가 좋다"는 느낌이 학생들의 순응적 태도를 조장하고 주류 의견에 동조하게 하고, 권위에 대해 무비판적으로 수용하게 하는 것은 아닌지 끊임없는 성찰이 필요하다. 조용한 곳은 문제가 잠복해 있기 쉽다.

1
말장난(말싸움, 말꼬리 잡기)에서 제대로 따지기(논리적 반박, 비판적 사고)로 가는 길

사실 말장난 자체가 나쁜 것은 아니다. 개념의 의미를 정확하게 파악해 가는 과정에서 나오는 즐거움일 수 있다. '+1', '무한대' 개념을 알면 친구와 누가 딱지가 많은가 말싸움을 할 때 "나는 너보다 +1이다" 혹은 "내 딱지는 무한대다"라고 승기를 잡을 수 있다. 이화대학교 학생문화관 1층에는 '二火, 불을 두 번 살피자'라는 표어가 붙어 있다. 이 또한 애매성을 이용한 재미있는 말놀이다. 필자가 어린 시절 오빠와 싸우면서 아마 '바보'라고 했던 것 같다. 어머니께서는 "오빠가 바보면 너는 바보 동생이니 너도 바보구나"라고 하셨다. '바보의 동생'과 '바보인 동생' 두 가지로 해석될 수 있는 애매성을 몰랐던 내 말문은 막힐 수밖에 없었다.

▶ 비판을 잘하기 위한 연습 과제

1. 남의 말 다시 말하기
2. 말로써 말싸움 말리기
3. 말로써 말싸움 붙이기

4. 틀린 말 찾아내기

5. 좋은 말 모으기

6. 입장을 바꾸어 가며 이야기하기

7. 이 말과 저 말 연결하기

8. 웃으며 따지기

예화 1. 사랑의 열매 좀 쥐어박지 마세요. 터져 버리겠어요.

준영(초등 1 남자아이): 엄마, 나는 어떻게 태어났어요?

엄마: 으응? 뭘 말하는 거니?

준영: 제가 엄마 배 속에서 태어났잖아요. 근데 어떻게 태어나게 됐냐고요.

엄마: 으음. 그건 아빠 몸속에 있는 아기씨가 엄마 몸속에 있는 아기집에 와서 새로운 생명을 갖게 되는 거야.

준영: 치. 유치원 원장 선생님이 아기씨, 아기집 이렇게 말하지 말라고 하셨어요.

엄마: 그래? 그럼 뭐라고 말씀하셨는데?

준영: 정자와 난자가 만나서 아기가 생기는 거라고 하셨어요.

엄마: 그래, 엄마가 말한 게 바로 그거야! 잘 알고 있으면서…

준영: 어휴 답답해! 그러니까 정자는 아빠 몸속에 있고, 난자는 엄마 몸속에 있는데 정자와 난자가 어떻게 만날 수 있냐는 거에요, 제 말은.

엄마: 뭐라고? 음… (어떻게 설명해야 할지 무척 곤혹스러워하다가) 그러니까… 엄마의 몸에는 정자가 난자까지 갈 수 있는 길 같은 게 있어. 아빠가 그 길로 정자를 보내 주면,

정자들 스스로 헤엄쳐서 난자까지 갈 수 있단다.

준영: (조금 알 듯하다는 표정으로) 아, 그렇구나! 올챙이같이 생겨서 헤엄도 잘 치죠?

엄마: 휴. 그런데 아무하고나 정자를 주고받으면 안 되는 거야. 서로 사랑하는 남자 어른과 여자 어른이 만나서 서로 책임질 수 있을 때 가능한 거지.

준영: 그럼 엄마 아빠도 그랬어요?

엄마: 그럼! 우리 준영인 하느님께서 엄마 아빠에게 주신 최고의 선물이지. 이를테면 '사랑의 열매' 라고나 할까…

준영: 근데 엄마는 '사랑의 열매' 를 왜 때리세요?

엄마: 뭐라고…? 그야 사랑하니까 때리지. 사랑하는 아들이 올바른 사람이 되라고 말야. 니가 잘못된 행동을 했을 때 엄마가 처음부터 무조건 때리니?

준영: 아니요.

엄마: 그럼 네 친구 희준이나 의정이가 잘못된 행동을 했을 때도 엄마가 야단치고 때리니?

준영: 아니요.

엄마: 그것 봐! 준영이가 엄마의 사랑하는 아들이기 때문에 옳지 않은 행동을 했을 때 잔소리하고 야단도 치고 그러는 거야. 엄마가 말로 해도 고쳐지지 않을 때는 매까지 들게 되는 거라구!

준영: 그렇구나… 하지만 엄마! 때릴 때 조금만 살살 때리세요. 그러다가 **'사랑의 열매'** 다 터져 버리겠어요!

엄마: 뭐라고?

예화 2. 내가 나쁘면 너도 나빠

상황: 윤진과 형수가 웃고 떠들고 있다. 이를 보고 있던 혜진이와 은혜가 소곤소곤 이야기를 나누다 웃는데, 이 웃음을 자기에 대한 비웃음이라고 여긴 형수가 혜진에게 시비를 걸면서 생긴 일이다.

형수: 야! 너 왜 웃어? **나 비웃었지**?

혜진: 아니야. 윤진이 표정이 너무 웃겨서 **웃은 거야**(웃음).

형수: 너 그거 아니잖아? 내가 치열교정기 끼고 온 거 이상하다고 은혜랑 비웃은 거지?

혜진: 아니라니까. 네가 뭐라고 얘기할 때 윤진이 표정이 진짜 웃겼어. 그렇지 은혜야?

은혜: 맞아. 윤진이 표정 진짜 웃겼어.

형수: 아닌 거 다 알아. 웃지 마.

은혜는 곧 웃음을 그쳤지만 혜진이는 계속 웃었다. 원래 혜진이는 웃음보가 터지면 본인이 지칠 때까지 웃는다.

형수: 야! 웃지 말라고 했잖아! 내가 웃기면 너는 **마오이 같아**!(혜진이는 뉴질랜드에서 얼마간 홈스테이를 하다 귀국했다. 그런데 뉴질랜드에 머물렀을 때 마오이족 사람과의 나쁜 기억이 있다.)

혜진: 야! 네가 다른 사람한테 뺨 맞아 본 적 있어?

형수: 너도 남이 니가 싫어하는 얘기하면 싫잖아? 내가 싫어하는 얘기하지 말라고 했는데, 너도 계속 했잖아? 그러니까 너도 마오이 같아!

혜진: 마오이 얘기하지 말라고 했지? 이 나쁜 놈아!

형수: 내가 언제 **마오이라고 했어**? **마오이 같다**고 했지.

윤진: 그만 해라 야. 혜진이 너도 그만 웃고, 형수도 말조심해.

형수: 웃지 말라고 해도 계속 웃잖아, 뭐야 재. 지가 싫은 말하면 화내면서 다른 사람이 싫다고 하지 말라고 하면 계속 하고. 웃겨!

은혜: 진짜로 니 얘기한 거 아니야. 윤진이 표정이 웃겼어. 혜진이는 니 이름도 얘기 안 했어. 니가 오해한 거야.

형수: 아, 그건 됐고. 하지 말라고 했으면 안 해야지. 왜 계속 하냐고. 사람 기분 나쁘게스리.

혜진: 너 정말 나빠!

형수: 시끄러워. **내가 나쁘면 너도 마찬가지야.**

혜진이가 결국 울음을 터뜨리고 만다.

▶ 비판하기 위한 준비[10)]

1. 진실함의 원칙: 무엇인가를 주장하려는 사람은 항상 참을 말하려고 해야 한다는 것. 이 원칙을 견지함으로써 궤변이나 말장난을 견제할 수 있다.
2. 증명부담의 원칙: 주장하는 사람은 언제나 자신의 주장에 대한 근거를 가지고 그 근거를 제시할 수 있어야 한다는 것
3. 분석의 정신: 자기가 주장하는 내용 혹은 상대방이 다르게 주장하는 내용에 대해 명료하게 요점과 핵심을 정리할 수 있어야 한

10) 김광수, 『논리와 비판적 사고』, 철학과현실사, 1990 참조.

다는 것

4. 자비의 원칙: 상대방의 주장이 최선의 논증이 되도록 논증의 허술한 부분을 보완해 주고 이렇게 다시 강화된 논증에 맞설 수 있게 해야 한다는 것
5. 단순함의 원칙: 한 가지를 설명하기 위해서 사용되는 전제를 반복적으로 늘어놓지 않음으로써 언어의 경제를 확보해야 한다는 것

▶ 비판적이고 체험적인 글쓰기

예문 … 동물을 사랑하자(초등 5년)

나는 동물을 너무너무 사랑한다. 모두 뱀 종류, 쥐 종류 등을 싫어하지만 나는 좋아한다. 예전에 끈적이에 걸린 쥐가 있었다. 나는 쥐가 불쌍했다. 몸부림을 치는 쥐를 내가 손으로 만졌다.

"찍찍!"

그 소리 때문에 깜짝 놀랐다. 그 쥐에게는 아직 생명이 있었다. 사람은 자기 목숨을 아낀다. 그러면 동물 입장에 대해 생각해 보자. 동물들도 생명과 심장 등이 있다. 그런 점은 사람과 같지만 말을 못한다는 조그마한 이유로 동물의 심정에는 아무런 관심이 없다. 만약 동물이 말을 한다면 그제야 동물의 심정을 알까? 나는 그렇지 않다. 우리 집 강아지가 꼭 병이 난 것 같았다. 그래서 동물 병원에 데려가자고 했다. 대답은…

"병원이 여기에 없잖니."

왜 그렇게 간단하게 생각할까? 동물들도 사람들처럼 죽기를 두려워한다. 동물들도 마음 깊이 '살려 주세요' 라는 마음이 있겠지…

나는 이 일기를 쓰면서 동물을 사랑하자는 마음이 깊어졌고 모두 동물에 대해 더 생각해 보았으면 좋겠다.

▶ 비판적이고 체험적인 글쓰기의 주제

친구를 보면 그 사람을 아는가?

놀이도 공부가 될 수 있는가?

깨물어 안 아픈 손가락은 없는가?

숙제하고 난 다음에 노는 것이 좋은가, 놀고 나서 숙제하는 것이 좋은가?

새엄마(새아빠)는 훌륭한 엄마(아빠)가 될 수 없는가?

가족 여행 가서 꼭 계획표대로 해야 하는가?

몸이 불편한 사람은 다 불행할까?

2
창의적 사고, 개성적 글쓰기

한국 학생들은 흔히 학력은 높으나 학업성취 동기가 약하다거나, 암기식 교과 학습에 익숙하지만 문제풀이 혹은 사고력 증진을 위한 교과 학습에서는 뒤처진다고 평가된다. 유례없는 교육열의 역사에도 불구하고 창의적 사고 능력이 개발될 여지가 적었다는 얘기다. 우리의 집합주의적 문화 속에서 개성 있는 괴짜 혹은 돌연변이에 대해서 그 싹들을 쳐 버린 결과가 아닐까?

철학사적으로 보면 괴짜들의 원조로 소크라테스를 꼽을 수 있다. 스스로 '등에' 임을 자처하면서 '이상한' 말과 생각, 행동으로 주변사람들과 끝없이 논쟁한 사람, 자신의 세계에 만족하면서 기껏 잘 살고 있는 사람들에게 지적 자극을 준 사람, 그리하여 사람들의 마음을 불편하게 만들고 권력자들을 불안하게 만든 이 사람이 없었다면 다음 세대의 정신적 내용이 쇄신되기는 어려웠을 것이다.

데이비드 위크스는 10년 동안 톡톡 튀는 괴짜 천 명 이상을 대상으로 정상과 이상을 연구했다고 한다.[11] 그 결과 괴짜의 공통성을 다음과 같이 정리하였다.

첫째, 틀에 박힌 생활을 싫어하고
둘째, 남들이 대단치 않게 여기는 것들에 대한 호기심이 강하고
셋째, 괴상한 취미에 심취되길 잘하고
넷째, 어릴 때부터 자기는 남들과 다른 돌연변이라고 생각하고 있고
다섯째, 고집이 세고 도전을 즐기며
여섯째, 경쟁심이 적으며
일곱째, 생활습관이 비정상적이고
여덟째, 철자가 엉망이다.

새로운 각도에서 생각해 보고, 새로운 질문을 던지고, 새로운 사유를 인큐베이터에 넣어 성장시키는 일이 우리 교육의 바탕을 이루게 된다면 동조적 사고를 더 이상 표준적 사고로 인식하지 않게 될 것이다. 괴짜에 대해서도 비정상적인 사람이 아니라 색다른 사람이라고 수용하면서 이들이 문화생산에서 기여하는 몫에 대해서도 좀 더 높게 평가할 수 있을 것으로 본다.

흔히 창의성을 발명과 연관지어 생각하지만 실제로는 학습, 설계, 연구, 작곡, 각종의 계획 수립의 자원으로 폭넓게 활용된다. 창의성에 따른 창의적 행동은 특정한 직업군에 국한해서 발휘될 필요가 있는 것이

11) 김정휘(1997), "개성 신장과 창의성을 계발하는 교육과정 — 창의적인 사회와 창의적인 심성을 지향하며"라는 논문(〈교육과정연구〉 제15권 제1호)에서 재인용함.

아니라 모든 사람이 자신의 삶을 자주적으로 운용해 가는 데 필수적인 능력이다. 미시적으로는 개인 삶의 목적과 방안에 대한 구상에서부터 거시적으로는 인간과 사회의 관계, 인간과 자연의 관계까지 확장하여 설계할 수 있는 능력이다.

Taylor는 과학적인 창의성에 대해 주로 관심을 갖고 연구하여 다음과 같이 수준을 나누었다.[12]

1. 표현적 창의성(expressive creativity): 학생들의 자발적, 내적 동기, 필요, 욕구에 의해서 글을 쓰거나 그림을 그리거나 하는 활동에서 자신의 재능을 구체적으로 나타내 보이는 활동
2. 생산적 창의성(productive creativity): 제약이 있고 통제된 자유놀이가 있는 곳에서 이루어지는 예술적, 과학적인 생산
3. 발명적 창의성(inventive creativity): 어떤 소재나 방법, 기술을 이용하여 발명력이 발휘되는 경우
4. 혁신적인 창의성(innovative creativity): 개념화에 따라 서술하고 수정이나 혁신을 통해 개선이 이루어지는 것
5. 창발적인 창의성(emergent creativity): 새로운 학교 모형이나 새로운 운동 모형이 만들어질 수 있게 전적으로 새로운 원리나 가정, 가치를 만들어 내는 것

▶ 창의성을 높여 주는 교사의 특성

1. 학생을 교육 대상으로서만이 아니라 사유의 주체로서 인식하고

12) 같은 논문 참조. 번역 용어인 '개혁적인'을 '혁신적인'으로, '비약적'을 '창발적인'으로 바꾸었음.

2. 학생에게 매사에 독립적인 인간이 되라고 격려하고
3. 스스로 모범을 보이고
4. 교실 이외의 장소나 공간에서 학생들과 함께 상당한 시간을 보내며
5. 학생들이 우수하고 자신이 뜻한 바를 성취할 수 있다는 기대감을 유지하고
6. 열정적이며
7. 학생들을 동등하게 수용하고
8. 학생들의 창의적인 수행에 말로써 직접적인 보상을 해 주고
9. 작업에 흥미를 갖게 유도하며 역동적이고 활력 있는 강의를 하고
10. 팀별로 또 1대 1의 지도에도 뛰어난 능력을 발휘한다.

궁극적으로 학생들의 창의성을 높여 주는 교사는 학습 지도를 설계하는 데서 스스로 창의적인 여러 방안을 실험해 보고 적용해 보려는 노력을 부단히 경주한다. 그리고 상하 주입식의 일방 통행이 아니라 쌍방향적인 소통에 신경을 씀으로써 학생들의 잠재적인 에너지가 구체적인 형체로 드러날 수 있게 촉진하는 리더 역할을 한다.

이러한 촉매형(facilitator) 교사의 모습과 달리 학생들의 창의성을 저지 혹은 억압하는 교사의 모습은 다음과 같다.

1. 학생들의 창의성과 사고를 비하, 평가절하하고
2. 불안해하고 지나치게 비판적이고 냉소적이고 냉담하고
3. 기계적인 학습을 강조하고 엄격하고 지배적이며

4. 학습의 장(field)을 좋은 상태로 유지하지 못하며

5. 일반적으로 무능하고 흥미범위가 제한되어 있으며 교실 밖에서는 유용하지 못한 인물이다.

창의적이지 못한 교사는 창의적인 학생을 싫어하는 경향이 있다. 자신의 틀을 벗어나는 사고를 행하는 학생들을 겁내거나 비정상적이라고 아예 낙인을 찍기도 한다. 교사 개개인의 차원을 넘어서서 교육계 전체 혹은 성인 사회 전체가 어떤 고정적 틀을 선호하고 강요하는 것이 아닌지 성찰이 필요하다. 소위 열린 교육의 이념을 학생-교사가 구체적으로 관계 맺고 있는 장에서 실현해 가기 위해서는 교사의 성찰적 셀프 리더십이 함양되어야 한다.

창의적 교육은 실험실이나 교실 환경에 제한되는 것이 아니고 일상 세계 안에서 다양하게 실행된다. 그 점에서 보면 가정 안에서 창의적 교사 역할을 해 줄 수 있는 학부모의 재교육도 필수적이다. 자녀들과 많이 대화하여 특성과 개성을 잘 파악하고 친구와 교사와의 관계 등 주위 환경요소들에 대해서도 정확하게 인지한 상태라면 창의적 교육을 위한 기본 인프라가 만들어진 셈이다. 이를 바탕으로 자녀/학생이 그 다음 단계로 생각을 틔워 가려면 어떤 자극을 주어야 할지 다방면에서 모색해 갈 수 있다.

〈생활 세계의 글쓰기〉[13)]

1. 상상력을 발휘할 수 있는 자료나 기회를 많이 제공하고 그것을 풍부하게 하는 데 도움이 되는 물리적 · 심리적 학습 환경을 제공한다.

---

13) 같은 논문 참조.

2. 스스로 생각해 보고 꿈꾸어 볼 수 있는 시간과 공간을 마련해 주고 그런 활동을 격려한다.
3. 떠오르는 생각을 기록하거나 숙성시키거나 다른 방법으로 표현하도록 격려하는, 즉 생각의 인큐베이터를 마련해 준다(화이트보드 사용).
4. 글, 그림, 작품, 아이디어를 살려 준다.
5. 특이한 점, 개성적인 대목이 드러날 때마다 칭찬하고 격려해 준다.
6. 학생의 글이나 작품을 직접 고쳐 주기보다 조심스레 다른 아이디어를 제안한다.
7. 개념놀이, 역할놀이를 많이 하게 하고 규칙이나 역할을 자주 바꾸어 보게 한다.
8. 언어나 수 또는 우리 사회의 조직 원리를 바꾸어 새 것을 고안해 보도록 자극한다.
9. 기존 문화에 건설적인 불만이나 의문을 갖는다면 대안을 제시해 보게 한다.
10. 시, 소설, 극본 등을 써 보게 하고 퍼포먼스를 하게 한다.
11. 나무, 알루미늄 호일, 철판, 신문종이, 두꺼운 판지 등등으로 무엇인가 자기 스스로 만들어 보게 한다.
12. 주위에서 흔히 보는 물건에 대해 다른 용도나 기능을 발견하여 사용해 보게 한다.

〈독서 후 글쓰기〉[14)]

- 이야기를 진행하는 인물과는 다른 인물의 관점에서 책의 내용을 요약, 전개하기

- 아이가 이해하는 이야기 속 인물의 하루 일정과 시간선을 만들어 보고, 어린이 자신과 이야기 속의 인물의 시간선을 비교해 보기
- 이야기 속 인물의 일기를 창작해 보기
- 책 속의 한 인물이 다른 인물에게, 또는 아이가 책 속의 한 인물에게 편지 써 보기
- 책의 결말을 다르게 구성하거나 마지막 결말 전에 독서를 멈추고 결말을 구성해 보고 비교해 보기
- 책 속에서 어떤 문제를 가지고 있는 상황에 대해 책 속의 인물에게 '내가 관심을 갖게 된 누구누구에게' 등으로 편지 써 보기
- 책 속의 사건에 대해 설명하는 뉴스 보도문 쓰기
- 책의 독자를 인터뷰함으로써 반응을 수집해 보기, 내 의견과 다른 점 찾아보기

예문 … 컴퓨터와 사람 가운데 누가 더 똑똑한가?(초등 3년)

컴퓨터는 감정도 없고 의리도 없습니다. 그리고 컴퓨터는 사람보다 더 똑똑하지 않습니다. 사람은 지혜롭고 감정도 있고 의리도 있기 때문에 사람이 더 똑똑합니다. 컴퓨터는 사람보다 멍청할 수밖에 없습니다. 컴퓨터는 사람이 만들었기 때문입니다. 또 사람은 생각하다가 아파도 생각을 합니다. 하지만 컴퓨터는 기계라서 툭 건드리면 아무것도 아닌데 에러에 걸려 버립니다.

사람은 언제든지 자신의 능력, 아이큐를 더 높일 수 있습니다. 컴퓨터는 저장만 할 수 있고 그것도 다 저장을 해야 합니다. 다 저장하지 않

14) 김민주, 『어린이의 상한 마음을 돌보기 위한 독서 치료』, 한울아카데미, 2004 참조.

으면 모른다고 합니다. 사람은 한 번만 들어도 알아서 합니다. 그래서 인간이 더 똑똑합니다.

그리고 컴퓨터는 생각을 깊게 할 수 없습니다. 하지만 사람은 생각을 더 깊게, 더 깊게 할 수 있어서 컴퓨터는 생각을 풍부하게 더 많이 늘리지 못하지만 사람은 생각을 더 풍부하게 늘릴 수 있습니다.

컴퓨터는 아낄 수도 없고 사랑도 못합니다. 사람은 서로 아낄 수도 있고 사랑할 수 있습니다.

예문 … 나는 빨리 어른이 되고 싶은가?(초등 5년)

나는 어른이 되고 싶지 않다. 그리고 어린이로 남고 싶지도 않다. 그 대신 나는 중학생같이 되고 싶다.

그 이유는 중학생이 되면 어느덧 성숙해지기 때문이다. 어른도 성숙하긴 하지만 좀 늙었다. 또 어린이는 너무 작고 생각이 너무 너무 어린 것 같다. 나는 늙는 것도 좋아하지 않지만 어린 것은 더 불편하다. 어리기 때문에 심부름도 많이 하고 야단도 더 맞는다. 뭘 좀 하려고 하면 엄마가 못 하게 한다.

중학생이 되면 좋은 점은 엄마와 내가 친구가 될 수 있다는 것이다. 또 중학생이 되면 생각이 깊어져서 물건을 사도 되는지 안 사도 되는지 스스로 판단할 수 있고 '한증막'에도 들어갈 수 있다. 엄마와 친구들과 한증막에 꼭 들어가 보고 싶다.

하지만 중학생이 되면 시험이 점점 더 어려워질 것이다. 하루하루가 힘들 것이다. 이런 것이 인생인가 보다.

▶ 창의적 사고를 위한 준비 동작

물 흐르듯 의식이 흐르듯 음악이 흐르듯 사고를 흘려 본다.

중복되는 표현이 아닌 새로운 표현을 풍부하게 만들어 낸다.

매체 및 자료를 다양하게 활용함으로써 기법의 다양성을 자유롭게 실험해 본다.

상상의 힘을 끌어들인다.

이미지를 선명하게 만들어 낸다.

독창적인 대목이 무엇인지 스스로 밝혀 본다.

▶ 개성적인 글쓰기의 주제

30년 후 우리 사회는 어떻게 변해 있을까?(30년 후 나의 하루, 미래의 도시 생활)

사랑할 수 있는 나이를 정할 수 있는가?

TV는 바보 상자인가?

일곱째 고개

추리의 방법과 논증의 오류 분석

연역 논증을 몰고 가서 상대방을 한 방 먹일 때는 축구 선수처럼
유비적 설명을 잘해서 듣는 이의 머릿속에 근사한 영상이 떠오르게 할 때는 화가처럼
변증법적 사고를 통해 갈등을 풀어낼 때는 종합 마법사처럼
실천 논리를 구사하여 해결 방법을 찾아낼 때는 고단수 꾀보처럼
귀추 논리를 잘 소화하여 생각의 차원이 자유자재 이동할 때는 도사처럼
귀납 논리를 이용하여 새로운 앎과 지식을 축적할 때는 수집광처럼

1
논리적 사고의 확장[15)]

논리적으로 정당하게 사유하는 것은 우리 주위의 모든 현상에 대한 좀 더 정확한 설명과 예측을 가능하게 하기 위한 필수조건이다. 논리적 토대와 근거가 있는 생각 속에서 우리가 사는 세계에 대한 이해가 깊어지고 넓어진다. 우리의 행동 선택도 감정에 전적으로 휩쓸리기보다는 거듭된 성찰 속에서 합리적으로 판단 내린 결과물일 때 더 좋은 결실을 맺을 수 있다. 이러한 논리적 사고를 언어화하는 것이 논술이라고 한다면 우리의 사유 과정에 적용하고 있는 유형들이 무엇인지를 정리해 봄으로써, 이것들을 논술에 반영하여 좋은 논술 작품을 만들어 낼 수 있을 것이다.

우리가 지금 별 의식 없이 사용하고 있는 논리의 유형들도 사실은 모두 인류의 오랜 문화유산이자 지적 성취이다. 또한 논리는 시대마다 내용이 더 풍부해지고 새롭게 정리되고 있으므로, 우리 각자는 그러한 논

15) 소홍렬, 『윤리와 사고』, 이화여자대학교 출판부, 1985 참조.

리적 사고를 단지 수동적 학습자, 모방자의 태도에서가 아니라 적극적으로 발전시킬 수 있는 위치에 서 있다고 본다.

논리의 어떤 유형은 더 자주 사용되면서 논리학 교재의 기본 지식으로 정리되어 있고, 또 어떤 유형은 이제 시도 단계에 있다고 할 정도로 덜 체계적이다. 아래에서는 유형화가 어느 정도 될 수 있는 6가지 논리 유형을 소개함으로써, 논술문의 기본 논리로 수용하고자 한다.

1) 연역 논리

연역 논리는 가장 강한 논증 방법이다. 삼단논법으로 대표되는 연역 논리는 전제가 참이면 결론이 거짓일 수 없는 논리적 필연성을 가지므로, 항상 참인 주장을 펴는 데 효과적이다. 또한 삼단 논법 이후에 발전한 기호 논리 체계 역시 전제가 참일 때 결론이 거짓일 수 없는 연역적 논증이다. 전건 긍정법이나 후건 부정법, 선접 삼단 논법, 양도 논법 등을 학습함으로써, 전제와 결론 관계의 형식적 타당성에 대해 파악하는 것이 중요하다.

연역 논리는 전제가 참이라는 것이 확립된 후에 펼칠 수 있는 논증이므로, 어떤 현상에 대한 설명이 참인지에 대해 미리 숙고하는 것이 필수적이다. 예외 없이 규칙적으로 일어나는 현상이나 보편적 속성을 갖는 현상이 과연 우리 주위에 얼마나 있는지를 살펴보면, 연역 논리의 전제로 사용할 수 있는 명제의 범위가 매우 협소하다는 것을 발견한다. 자연현상뿐 아니라 심리현상, 사회현상에서 법칙적인 지배 관계를 서술한 명제는 매우 적으므로, 모든 현상의 설명을 연역 논리적으로만 논증하는 것은 어렵다.

따라서 연역 논리를 적용하기 위해 인위적으로 추상화하고 고정화하는 것의 한계를 인식하면서, 연역 논증을 펴는 것이 중요하다.

연역 논리의 오류로 대표적인 것은 순환논법의 오류, 자가당착(모순)의 오류이다. 순환논증은 자신이 논증하려는 바를 미리 전제하고 있는 논증이므로, 논증을 통해서 제대로 주장이 확립될 수 없다. 모순은 자신이 말하는 내용을 정면으로 부정하는 내용을 포함하는 논증이므로 논증의 비일관성을 드러낸다. 초등학생의 경우 짧은 지면에서 앞과 중간, 뒤의 주장이 서로 모순을 일으키는 경우가 많으므로, 모순성에 대해 스스로 민감하게 의식할 수 있도록 해 주는 일이 무엇보다 중요하다.

2) 유비 논리

연역 논리가 자기주장을 세우기 위한 논증의 논리라면, 유비 논리는 주로 설명을 위한 논리로서 설득력 있는 설명을 하는 데 매우 효과적이다. 유비 논리는 비유에서 출발한다. 우리 주위에 말을 참 잘하고, 조리 있게 하는 사람 가운데는 비유적인 설명을 탁월하게 하는 사람이 많다. 예를 들어 지금 일이 잘 안 풀리는 사람에 대해 "비단옷 입고 밤길 걷는 형국이요"라고 해 보자. 이는 사람들이 자신을 몰라주어 현재 고난의 시기를 겪고 있는데, 이 고비만 지나면 아침 햇살을 맞이할 수 있다는 내용으로 듣는 이에게 희망을 줄 수 있다.

유비적 설명이 가능한 것은 우리의 세계가 여러 가지 측면에서 비유가 될 수 있는 대상들을 가지고 있기 때문이다. 큰 것과 작은 것이 비슷한 구조를 갖거나(인감도장이라 표현되는 부모 자식의 얼굴 모양) 전체의 구조가 부분의 구조에서 반복되며(위계적인 사회와 권위적인 가정) 비슷한 모양을 한 것이 비슷한 기능을 하며(잠자리와 비행기) 같은 종류의 원인 조건에서 같은 조건의 결과가 나오는(예를 들면 콩 심은 데

콩 나고, 팥 심은 데 팥 난다) 현상들이 많기 때문이다.

유비 논리는 논술문 창작의 논리로도 매우 효과적이다. 예를 들어 예술에서 표현, 창작의 자유를 주장하기 위해, 모든 오염물질을 제거한 증류수가 오히려 몸에서는 잘 안 받으며 자연 상태의 물이 오히려 몸에 잘 맞는다는 식으로 증류수 : 물의 유비를 사용할 수 있다.

유비 논리적인 오류로서는 유비적 논증이 오히려 역유비에 걸리는 경우를 들 수 있다. 남녀 관계를 음양의 관계에 유비시키는 것을 보자. 음양의 상호 보완관계를 설정하는 데서 더 나아가 음은 낮고, 양은 높듯이 여성은 낮은 지위에, 남성은 높은 지위에 있는 것이 정당하다고 주장하면, 음양의 보완관계는 사라지고 위계관계만 남는 것이 된다. 그리하여 낮은 땅에서 생기는 높은 생산의 힘을 여성에게 귀속한다면 여성이 높은 것이 아닌지에 대한 의문에 다시 답해야 할 것이다.

3) 변증 논리

변증 논리는 역사적으로 변화하는 현상을 설명하고 앞으로 진행될 방향을 예측하는 데 적용된다. 역사적 변화란 시간을 두고 성장하고, 발전하고, 진화하는 변화이다. 인류의 생물학적 진화는 오랜 진화 과정을 통해 이루어진 것이다. 우리 마음의 성장도 시간의 뜸을 필요로 한다. 마음의 성장기에 있는 아이들은 처음엔 유아기적 사고에서 출발한다. 그 후 소위 사춘기가 되어 "나는 왜 이럴까?"라는 자문을 하게 되면서 기존의 자신을 싫어하는 마음의 갈등상태가 온다. 이렇듯 부정적인 면을 성찰하여 갈등이 깊어진 상태에 빠지는 것은 일시적으로는 괴롭지만 마음의 발전을 가져올 수 있는 계기가 된다. 자신이 과거와 현재에 묶여 고정된 존재가 아니라 미래 지향적으로 발전할 수 있다는 것을 확신하게 되는 것이다.

이러한 갈등을 통한 비약의 계기는 사람들 간의 관계에서도 마찬가지로 나타날 수 있다. 결혼은 두 사람이 합일하려는 동기에서 출발하지만, 곧 서로의 차이가 갈등을 빚으며 이러한 갈등의 힘이 새로운 차원의 합일 관계를 만들어 내는 식으로 연속과 불연속의 여러 지점을 갖는다. 이는 사회현상에서도 마찬가지다.

변증 논리는 대립과 갈등의 현상을 모순관계로 표현하고, 그것이 지양적으로 종합되는 것을 보여 준다. 여기에서 질적인 변화, 비약적인 변화가 일어났음이 표현되어야 한다. 양적인 변화가 아니라 질적인 변화이므로, 이는 비약이고, 불연속적 변화이다. 변증법적으로 생각하는 사람은 어떤 현상에 대해 고정적으로 파악하지 않고 항상 변화가능성, 발전가능성을 염두에 둔다. 개방적인 자세로 현상을 이해하고자 하면서 현재의 모순이나 긴장, 갈등상태의 영속성을 체념적으로 수용하지 않는다. 그러한 개방적 이해가 정말로 현상의 새로운 국면이 나오게 하는 힘이 된다.

변증 논리에서 오류가 될 수 있는 것은 기본적으로는 모순이 아닌 것을 모순으로 착각하는 문제가 있을 수 있다. 또 모순 관계에 있는 생각들을 종합할 때 일방적으로 한쪽에 치우칠 수 있다. 이것은 참된 종합이 아니다. 또 변증 논리적 종합은 지양적 종합이어야 하는데, 그렇게 되지 못하고 단순한 절충이 되어 버릴 수 있다. 절충적인 것은 새로운 차원으로의 비약, 즉 발전적 비약이 될 수 없다.

4) 실천 논리

원숭이의 일종인 일본원숭이를 실험한 한 보고서에는, 원숭이들이 바닷가 모래가 묻은 감자를 처음에는 그냥 먹다가, 한 원숭이가 바닷물에 깨끗이 씻어 먹는 행동을 반복하니까 그 무리가 다 따라서 하는 내용이 있다. 이는 고등동물이 주위 환경 속에서 적합한 수단을 찾아서, 직접 실용화해 볼 수 있는 능력을 입증한다.

마찬가지로 인간도 어떤 목적이 주어지면, 그것을 달성할 수 있는 수단을 고안해 내는 능력이 고도로 발달해 있다. 인간의 두뇌가 진화한 것도 끊임없이 더 좋은 수단이 없는지, 더 편한 방법이 없는지를 연구하면서 뇌의 용량을 늘려 온 덕분일 것이다. 궁리에 궁리를 거듭하면 좋은 길이 뚫린다는 것, 모든 문제는 해결가능성이 내포되어 있다는 것은 인간이 경험으로 깨달은 귀한 앎이고, 이를 실천 논리라고 한다.

실천 논리에서 중요한 개념은 '목적'과 '수단'이다. 만일 목적은 뚜렷이 있는데 그것을 실현할 수 있는 수단을 찾지 못하게 되면 삶이 공허해지고, 삶을 영위할 수단들은 있지만 목적의식이 없다면 그 삶은 눈먼 삶이 되는 것이다.

실천 논리상의 오류라면, 어떤 일의 수단적 가치와 목적적 가치를 혼동하여 그 관계에 대한 전도된 생각을 갖는 것이나, 대인관계에서 그 실용성만 따지고 인간관계의 깊이를 상실하는 것을 들 수 있다. 아동들의 경우, 나름대로 뭔가를 의도하지만 그것을 어떻게 해야 달성할 수 있는지까지 미처 생각이 못 미치는 경우에 적합한 수단을 고안해 내는 능력을 발달시켜 줄 필요가 있다. 그 과정에서 유연한 수단, 풍부한 수단을 찾게끔 도와주는 것이다.

5) 귀추 논리

어떤 축구팀은 선수 하나하나 모두 훌륭한 기량을 갖추었지만 팀의

성적이 부진하다. 선수들끼리 팀워크가 좋지 않거나 감독의 훈련 방법, 지도노선이 적절하지 않은 경우들이다. 결국 한 팀 전체의 전력은 선수 개인 능력의 기계적 덧셈은 아니다. 1과 1이 만나서 2 이상의 에너지가 나올 수 있는 것은 바로 부분 차원과 전체 차원의 두 차원이 있기 때문이다. 전체의 힘은 부분의 힘에 의존하여 구성되어 있지만 그렇게 해서 나온 전체 차원은 단순히 부분의 총계는 아니다.

전체와 부분 혹은 상위와 하위의 두 차원으로 이루어진 현상 간에 적용되는 논리가 바로 귀추 논리이다. 양심, 애국심, 집단정신, 회사 분위기, 가정 분위기 등은 그 부분의 요소에 수반하여 전체적인 성질이 만들어진 것이고, 이것은 다시 그 부분에 작용한다.

일상생활 속에서의 귀추 논리는 마음과 행동의 관계를 설명하고 이해하는 데 적용된다. 예를 들어 제자를 사랑하는 스승의 마음이 있다는 것을 가정하는 것은 귀추적이다. 마음이란 눈으로 볼 수 없지만 스승의 구체적인 행동들을 통해서 그 마음이 있음을 가정하게 된다.

'착함' 이라고 하는 것은 한 사람의 전체적 성질인데, 이는 '거동하기 어려운 사람을 보면 손을 내밀어 도와준다', '맛있는 것을 동생과 나누어 먹는다' 등등의 부분적 행동들을 수반하여 갖는 성질이다.

이러한 귀추 논리의 특성은 개체성의 차원에서 관찰된 사실에 근거하여 그것을 설명해 줄 수 있는 일반성 차원의 가정이 다양할 수 있다는 것이다. '하느님' 개념을 보면, 그것은 모든 것을 포괄적으로 설명해 줄 수 있는 가장 일반적인 개념으로 가정된 것이다. 또한 우리 인간이 하느님을 닮았다고 하는 것도 그 개념이 우리 인간의 어떤 특성들로부터 귀추적으로 일반화되어 얻어졌다는 생각에서 나온 것이다. 만일 각 종교 집단마다 믿는 신의 이름은 다르지만 그 내용이 공통적이어서 하느님 자체가 종교마다 여러 이름을 갖는다고 보면, 종교의 다원성을 인정하는 것이다.

귀추 논리적 오류는 검증되지 않은 일반성 차원의 가설을 설정하는 것으로, 미신이나 운명적 사고들을 들 수 있다.

6) 귀납 논리

귀납 논리는 여러 개의 개별 사례들로부터 보편 명제를 추리해 내는 것이다. 여기에서 중요한 것은 제한적인 경험이나 관찰을 토대로 성급하게 일반화하는 것을 피해야 한다는 것이다. 경험적 근거가 불충분한 조건에서 전체적인 설명이나 예측을 하게 되면 '성급한 일반화' 의 오류가 된다. 또한 그 다음으로 조심해야 할 것은 '망각적 귀납' 으로 중요한 관련 정보 중 어떤 것을 소홀히 함으로써 발생하는 오류이다. 예를 들어, 골프가 대중적인 스포츠인지를 조사하기 위해, 사람이 많이 모이는 강남의 어느 호텔 커피숍으로 갔다고 하자. 거기에서 만난 사람들을 토대로 면접을 하여 어떤 수치가 나왔더라도, 그것을 토대로 우리나라 전체의 골프 인구를 추정해 낼 수 없다. 왜냐하면, 골프는 스포츠 중에서도 경제력에 따라 그 향유층이 제한되어 있다는 중요한 관련 사실을 무시하고 있기 때문이다.

2
대화에서 6가지 논리의 적용

1) 연역 논리

제상의 약

대화자: 재호(초등 4년생)와 할머니

재호는 할머니를 참 좋아합니다. 할머니가 시골에서 올라오시면, 부둥켜안고 그 동안의 일을 시시콜콜 말씀드립니다. 또 할머니께 요구사항도 많습니다. 동네 할머니들이 머리를 까맣게 하고, 빨갛게 입술을 바르는 것이 싫으니, 할머니는 그냥 점잖게 계시라고 합니다. 그러면서 "할머니가 예쁘게 하려고 하면 안 되지. 할머니는 고상하고 점잖아야지"하고 나름의 정의를 내립니다. 할머니는 한편으로는 이 손자가 대견하고, 또 한편으론 '별참견을 다하는군' 하는 눈치입니다. 어느 날 재호는 실수를 했습니다.

"우리 재호는 나중에 할머니 제사 지내 줄 거야?"

"그걸 내가 왜 해? 엄마랑 아빠가 하는 거지."

"그럼, 그렇지. 근데 나중에 재호가 어른이 되면 말이야."

"그땐 내가 하지."

" 제상에 뭘 올려 줄 건데?"

"음, 음, 할머니 약"

"뭐?"

"할머니는 약을 좋아하시잖아요. 심장에 좋은 약, 마음 안정하는 약, 알약, 가루약, 초콩… 날마다 잡수시잖아요. 그래서 그런 거지 뭐."

2) 유비 논리

꽃은 좋아하면서

대화자: 고은이(초등 1년생)와 숙모

숙모가 선인장을 사왔습니다. 조그만 꽃봉오리 열서너 개가 화관처럼 둘러져 있었습니다. 물을 자주 주면 썩지 않을까, 물을 너무 안 주어도 기운이 없지 않을까 노심초사하면서 꽃이 피어나길 고대했습니다. 보름쯤 지나니 드디어 꽃망울이 하나 둘 터지기 시작했습니다. 근데 웬일입니까? 고은이가 앞장서서 철없는 동네 동생들과 화분의 모래를 선인장에다 뿌려 대고 있는 게 아닙니까? 숙모는 고은이를 불렀습니다.

"고은아, 고은이는 선인장한테 왜 그랬어? 좋으라고 그랬어? 아니면 나쁜 줄 알면서 그랬어?"

"몰라."

"그런 말이 어딨어? 자기 마음도 몰라?"

"몰라."

"좋아. 고은이는 예쁜 머리띠를 하고 방울꽃도 머리에 꽂고 그러잖아? 거기에다 누가 모래를 콱 뿌리면 좋아? 선인장이 애쓰고 저렇게 예쁜 꽃을 피웠는데 거기다가 그러면 어떻게 해? 고은이한테도 그렇게 해 줄까?"

고은이는 싫다고 소리지르며 도망갑니다. 그리고 몇 발짝 가더니 소리칩니다.

"숙모는 꽃은 좋아하면서, 왜 강아지는 좋아하지 않아?"

숙모가 평소에 나무나 꽃 화분에는 정성을 쏟는 것 같은데, 강아지들한테는 무심한 것을 걸고 넘어진 것입니다. 숙모는 다시 고은이에게 말합니다.

"고은아. 만일 네가 방학숙제로 공작 작품을 근사하게 만들어서 개학식 날 학교에 가지고 가는데, 어떤 아이가 마구 그것을 부수어 버리면 어떻겠어? 선인장도 아마 그렇게 엉망진창으로 상처입은 마음이 되지 않았겠니?"

3) 변증 논리

소크라테스가 대화의 방법으로 철학함을 실행했듯이, 모든 대화 상황은 대화 주체들끼리 서로 질문과 의견 개진을 통해서 자신의 견해를 다시 한 번 반성해 보는 계기를 준다. 즉 상호 모순되는 의견들 사이에 변증 논리적으로 종합된 결론이 생기기도 하고, 혹 문제 해결이 안 되었다 하더라도 서로 의견을 더 분명하게 가질 수 있게끔 자신의 견해를 노출하고 심화시키는 계기를 준다. 우리의 수업에서 대화록을 작성하는 과정에서도 이 점은 매우 분명해졌으리라 생각된다. 철학은 결론을 암기하는 것이 아니고, 그러한 결론에 이르게 하는 과정의 충실성이 중요하다. 철학이 아니라 '철학함'의 태도가 필요하다. 대화도 결론만이 중요한 것이 아니고, 그 결론에 이르게 되는 과정에서 자신의 견해에서 어떤 것이 부실한지, 어떤 모순이 있는지를 깨닫는 것이 중요하다.

한 건축가는 자신의 유년기를 회상하는 글에서, 자기보다 모든 면에서 빼어난 언니를 시샘하고 증오했다고 한다. 하지만 계속 그런 모습으로 살았다가는 자신의 일생이 비참해질 것이라고 생각하고 언니에 대한 미움과 거기에서 오는 갈등을 동력으로 삼아 복수(?)의 길에 매진한 결과 소정의 열매를 맺었다는 것이다. 지금 와서 돌이켜 볼 때 그러한 갈등 관계가 없었다면 현재의 자신이 없었을 것이기 때문에 그런 언니를 둔 것을 참 다행으로 생각한다고 했다. 이러한 사례에서도 보이듯이, 인간의 관계에서나 자기 자신과의 관계에서 겪게 되는 갈등과 모순이 더 좋은 국면을 이끌어 내는 힘이 될 수 있다.

4) 실천 논리

저것 맛있겠지?

대화자: 혜원(초등 5년)과 준용(초등 3년)

혜원이와 준용이는 아이스크림을 좋아합니다. 여름에는 아이들 호주머니를 털 신상품이 많이 나옵니다. 집 옆의 가게에 '구구 크러스티'가 새로 선보였을 무렵입니다.

혜원: "준용아. 새로 나온 저거 봤니?"

준용: "아니."

혜원: "저거는 고소하대."

준용: "먹어 봤어?"

혜원: "아니. 좀 비싸다더라. 근데 그냥 하드가 아니고, 꼭꼭 씹

어 먹으면 참 맛있대."

준용이는 날쌔게 엄마에게 뛰어갔습니다.

행동대장 준용이와 모사꾼(?) 혜원이의 이야기였습니다.

5) 귀추 논리

죽이면 안 돼.

대화자: 재호와 고은이와 엄마

고은이랑 재호랑 엄마랑 점심을 먹고 있는데 거미 한 마리가 나타났습니다. 집에 나무도 풀도 많아 온통 벌레 박물관입니다. 엄마는 재빨리 신문지로 거미를 덮습니다.

고은: "죽이면 안 돼."

엄마: "왜?"

고은: "살아 있는 걸 죽이면 벌 받지."

엄마는 난감해 있는데, 재호가 구원을 해줍니다.

재호: " 집 거미는 독하니까 잡아야 해."

고은: "죽이지 말고 밖으로 내보내면 돼."

한동안 거미 죽이는 문제로 옥신각신하고 있는데, 방바닥을 보니 작은 개미 한 마리가 기어갑니다. 고은이는 개미한테 한 번 물리고 난 뒤부터 개미를 제일 싫어합니다.

재호: "고은아. 이 개미는 죽여도 돼?"

고은이는 말을 못했지만, 빨리 개미한테서 벗어나고 싶어 이리저리 뜁니다. 엄마는 개미를 종이에 받아 내보냈습니다. 그리고서 애들한테 묻습니다.

엄마: "고민이네. 고은이는 생명 있는 것은 죽이면 안 된다는데 어쩔 수 없는 경우도 많지 않니? 어떤 때는 죽여도 되고, 어떤 때는 죽이면 안 되지?"

재호: "부처님 오신 날만 안 죽이면 돼요."

6) 귀납 논리

레오나르도 다빈치가

대화자: 재호와 할아버지

재호는 만화를 아주 잘 그립니다. 어쩌면 그렇게 섬세하게 그릴 수 있는지 경탄스럽습니다. 키가 작은 자기를 무의식적으로 닮게 그리는 것 같은 주인공들이 등장합니다. 이 그림들을 시도 때도 없이 그려 대는데, 가족들은 이 소질을 어떻게 하면 더 잘 발휘하게 해 줄까 고심하고 있습니다.

하루는 식구들이 또 재호 그림이야기를 하다가, 할아버지께서 "우리 재호는 그냥 미술학원이나 그런 데가 아니라 전문적으로 만화를 그리는 선생님을 만나서 지도를 받아 보는 게 좋겠다"고 제안하셨습니다. 다른 식구들은 모두 고개를 끄덕거리고 있는데, 정작 본인은 "필요없다"고 합니다. 그 다음 말이 걸작입니다.

"할아버지. 레오나르도 다빈치가 미술학원에 다녔어요? 선생님한테 배웠어요? 아니잖아요!"

3
논술문에서 6가지 논리의 적용

앞에서의 대화상황에서도 드러나듯이 우리가 사고나 판단을 하는 데 여러 가지 논리가 같이 쓰이는 경우가 많다. 글에서도 이 점은 마찬가지이다. 논제의 성격과 종류에 따라 그에 적합한 주요 논리가 뒷받침되지만, 그것을 보조하는 여러 종류도 함께 쓰이는 경우가 일반적이다. 어린이 논술 지도에서는 고정된 틀의 논리에 얽매이기보다 이들이 자유자재로 풍부하게 논리적 근거를 댈 수 있게끔 해 주는 것이 좋다. 아이들의 글쓰기에서 사용되는 논리가 다음의 분류 중 어디에 속하는지를 살펴보고, 논술하는 방법에서 어떤 특색이 있는지도 정확하게 파악해야 한다. 한 예로 "경사진 길에서 킥보드를 타서는 안 되는 이유"를 제시한 논술에서 사용된 다양한 근거들을 찾아보자.

1) 연역 논리

경사진 길에서는 킥보드 제동이 어려워 사고가 많이 난다.

사고가 날 가능성이 높은 일은 피해야 한다.

성진이네 아파트 앞은 경사가 심하다.
따라서 성진이는 아파트 앞에서 킥보드를 타지 않아야 한다.

2) 유비 논리

경사진 길에서 킥보드를 타는 것은 브레이크가 고장 난 차를 모는 것과 같다.

3) 변증 논리

킥보드 타기는 스릴 있다.
스릴을 과도하게 즐기면 위험에 노출된다.
킥보드 대신에 더 안전하면서도 스릴 있는 놀이기구로 진화할 것이다.

4) 실천 논리

경사진 길은 속도감이 생겨 스릴이 있는 만큼 위험하다.
킥보드의 안전장치는 믿을 만하지 못하다.
헬멧과 무릎 보호대도 부상을 완전히 막아 주지는 못한다.
따라서 킥보드를 더 안전하게 만들 때까지는 경사진 길에서 킥보드를 타지 않아야 한다.

5) 귀추 논리

킥보드를 타고 내리막길을 달려가는 것은 사고의 위험성이 높다.
중심을 잃고 쓰러질 수 있다.
킥보드 제어 장치가 고장 날 수 있다.
골목길에서 느닷없이 어린애가 튀어나올 수 있다.

6) 귀납 논리

앞 동 영수는 아파트 앞 내리막길에서 킥보드를 타다 사람과 부딪쳐서 다쳤다.

옆 동 정민이는 같은 곳에서 킥보드를 타다 올라오는 차와 부딪쳐서 다쳤다.

옆집 예린이는 같은 곳에서 킥보드를 타다 자전거를 타고 오는 사람과 부딪쳐서 다쳤다.

따라서 내리막길에서 킥보드를 타면 다친다.

▶ 논리적 사고의 연습을 위한 논증 방식(논리적 입증의 방식)

1. 세 가지 이유를 제시하시오(연역 논리적 근거).
2. 비유로 말해 보시오(유비 논리적 설명).
3. 종합하여 말해 보시오. 지양적 해결책을 제시하시오(변증 논리적 종합).
4. 세 가지 방법을 제시하시오(실천 논리적 방법).
5. 하나의 개념으로 상징화하시오(귀추 논리적 가정).
6. 사례를 들어 보시오, 반대 예를 들어 보시오(귀납 논리적 예와 반대 예).

여덟째 고개

독서논술에서 6가지 논리의 적용

엄마가 책 좀 읽으라고 하셔서 펼쳐 놓았지만
글자를 좇아 눈 운동만 하다가 닫아 버릴 때도 있었고
머릿속에다 내용을 부지런히 퍼 나르는 것으로 만족해 버린 적도 있었고
많이 읽었다 자랑할 생각에 손만 시커멓게 만들었고
사실 뭔가 읽고 있지 않으면 불안해서 뒤적거리기 일쑤였다.

근데 이렇게 달라질 수 있구나. 책의 주인공들에게 말을 걸고
책의 지은이에게 질문하고 독자인 내가 또 다른 나와 대화하고
아직 미처 안 읽은 다른 친구들에게 소개해 주느라
시간 가는 줄 모르고 옆에 무슨 일이 벌어진 줄도 모르고

1
독서는 참 중요하지만 방법이 더 중요하다

어린이와 어른은 감각 세계가 다르다. 따뜻한 공기는 위로 올라가기에 키 작은 어린이가 키 큰 어른보다 체감하는 추위가 더 크다고 하지 않는가? 어린이에게 다가가 말을 잘 걸려면 섬세한 눈높이 맞추기 기술이 필요하다.

어린이도 무드를 안다. 그러니 우선 둘만의 친숙한 공간을 만들어 보자. 예를 들어 밤에 자기 전, 고즈넉한 그 시간에 책을 읽어 준다면 아이는 그냥 있지 않고 이것저것 물어보기도 하고 그 내용을 영상화하여(연상, 상상) 즐긴다. 또 책을 읽어 준 아이는 남의 말에 집중하고, 말뜻을 알아듣기 위해 노력하게 된다. 특히 바쁜 엄마에게서 함께 자라나 항상 정이 고픈 아이의 경우 이러한 밀도 있는 관계 맺음의 시간이 소중하며, 엄마와의 관계에서 양적 공유보다 질적 공유가 더 중요하다는 것을 체험한다.

어린이의 지식을 측정하기 위한 질문은 하지 않는 것이 좋다. 역사지식, 과학지식을 필요로 하는 문제들, 즉 "구석기 시대 사람들은 어떻게 살았을까?", "서양의 중세인들은 무엇을 발명했나?", "조선 시대 후기에 왜 천주교도들을 박해했나?" 이런 질문들은 너무 안이하다. 책을 읽게끔 권장하는 것은 그 내용을 암기하라는 것이 아니라 신선한 지적, 정서적 자극을 제공하는 새로운 세계를 접하고, 스스로 더욱 새로운 생각을 해 볼 기회를 주기 위함이다. 기억력에 대한 칭찬이나 지식에 대한 격려, 다독에 대한 은근한 강요는 부분적으로만 의미가 있는 일이라는 것을 망각하지 않아야 한다.

답이 '예, 아니오'로 나오는 질문은 무의미하다. 단답형 답변은 대화를 어색한 분위기로 단절시키는 효과가 있으므로, 연쇄적으로 서로 대화할 수 있는 다리를 놓아 주어야 한다. 나는 이렇게 생각하는데 너는 어때? 너와는 어떤 차이가 있는 것 같아? 너라면 어떤 생각이 들겠니? 네가 보기에 내 의견이 왜 틀린 것 같니? 등등으로 쉽게 긍정, 부정으로 종결될 수 없는 질문을 던져 보자.

독서의 과정과 독후 토론에서 무엇보다 중요한 것은 교사 스스로 책 내용과 행간에서 여섯 가지 논리가 사용된 대목들을 파악해 내는 능력을 갖추는 일이다. 단순한 독후 지도가 아닌 독서논술의 길을 개척하기 위해 대중에게 친숙한 세 종류의 동화책을 통해 시도해 보자.

2
『홍당무』[16]를 읽고

홍당무는 가족의 품 안에서 행복한 어린 시절을 보내지 못했다. 아버지는 가정 일에 관심이 없고, 어머니는 사사건건 구박하거나 혹은 잘못을 뒤집어씌우기까지 하고, 형은 인정머리 없고, 누나는 좀 나은 편이었지만 무력했다.

홍당무는 어디로 튈 줄 모르는 식의 돌출 행동들을 해 댄다. 때로는 무력하게 당하거나(똥 수프 사건), 고집스럽게 스스로 인내심을 시험한다(음료수 안 먹기). 질투 때문에 고자질을 하거나, 마음은 그렇지 않았는데 결국은 잔인하게 고양이를 죽이게 되거나 등등 여러 사건에 부딪히고 스스로 또 만들어 간다. 그렇지만 아가트(새로온 가사 도우미)에게 친절하게 대해 주고 어려움에 부딪힐 때 자기 성찰을 해 내는 힘도 동시에 축적해 간다.

"나도 모든 일의 이치는 생각할 줄 알거든. 나쁜 점은 고치기도 하지.

16) 쥘 르나르 지음.

거리낌 없이 말해 주기만 하면 차츰 좋아질 거야"라는 자기 긍정이 자리 잡게 되는 것이다. 홍당무는 아버지에게 시를 창작해 보내기도 하고, 가족 앞에서 자기 생각을 거침 없이 이야기하는 등 차츰 자신의 내면세계를 채워 간다.

어떤 사람은 어린 시절에 대해 좋은 기억을 하고 있지만, 또 많은 사람에게 그 시간은 그저 평화롭고 따사로운 풍경과 맞물려 있는 게 아니라 나름대로 고통과 상처가 배태된 쓰라림의 경험이기도 하다. 우리가 부정적인 여러 사건을 극복하면서 한층 성숙한 인간으로 스스로를 만들어 갈 수 있다는 것이 이 작품의 메시지가 아닐까.

1) 연역 논리에 따른 메시지 구성

홍당무는 문제아로 태어난 것이 아니다.

홍당무는 문제아로 만들어졌다.

원래부터 문제아가 없다면 문제 가정에 주목해야 한다.

홍당무의 가정은 살벌하다.

아버지는 자기중심적이다.

어머니는 괴팍하다.

형은 양보심이 없다.

누나는 무관심하다.

따라서 홍당무 가족은 문제가 심각하다.

2) 유비 논리가 적용된 대목

홍당무는 양들의 외양간에서 양과 사람의 차이와 공통성을 견주어 보았다. 양들의 가족과 사람들의 가족을 유비시킨 것이다. 어미 양이

물에 부풀어 대롱대롱 매달린 탯주머니가 귀찮아서 머리로 새끼를 밀어젖히는 대목에서 "어처구니없는 어미로군"이라고 말하면서 유모에게라도 맡기고 싶을 정도로 새끼를 귀찮아한다고 느낀다. 그런데도 (아이를 다른 가정에 입양시키듯) "왜 다른 양한테 새끼를 맡기지 않을까" 하고 의문을 품는데 목장 일꾼은 저쪽에서 거절하는 것이라고 설명을 해 준다. 또 여기서는 새끼를 훔치는 어미는 없다는 사실도 알려 준다. 홍당무는 어떻게 새끼 양들이 자기 어미의 울음소리를 구별해 낼까 신기해하며 그것은 가족의 본능일까, 후각 때문일까 생각해 본다. 또 문득 새끼 양들의 이름을 알고 싶어 한다.

3) 변증 논리적 전개

홍당무는 어머니의 구박을 일방적으로 당하지만 어느덧 저항을 감행한다. 이로써 주위 가족들에게 충격을 줄 뿐만 아니라 아버지와의 공감을 이루어 내고 스스로 어려운 삶을 감당할 수 있는 청소년으로 성장해 간다.

4) 실천 논리의 구사

홍당무는 엄마하고 따로 떨어져 살고 싶은 생각에 아빠와 의논한다.

홍당무 생각: 방학 때도 기숙사에 남아 있고 싶어요.

아빠 생각: 그것은 가난한 학생들의 경우만 가능하다. 보통의 경우는 사람들이 부모가 아이를 버렸다고 오해할 것이다. 그리고 아버지가 아들을 못 만나게 될 것이다.

홍당무 생각: 아버지가 찾아오시면 되잖아요?

아빠 생각: 그런 여행은 돈이 너무 많이 든다.

홍당무 생각: 출장 때 조금 돌아 오시면 되잖아요?

아빠 생각: 형과 누나랑 똑같이 너를 대해야 한다.

홍당무 생각: 다른 방법이 없다면 자퇴를 하겠어요. 그리고 구둣가게 등에서 일자리를 구하겠어요.

아빠 생각: 그런 일 하라고 너를 교육하지 않았다.

홍당무 생각: 정말 방법이 없을까요? 너무 괴로워 자살을 계속 생각해요.

아빠 생각: 지금보다 더 행복해지겠다는 생각을 단념해라. 어른이 되어 너 스스로 자유를 얻게 될 때까지 마음을 갑옷으로 단단히 무장하는 거다. 그렇게 되면 식구들과 인연을 끊고 새 가정을 만들 수 있다. 그때까지는 언제나 떳떳하게 행동해라. 신경을 곤두세우지 말고 다른 사람들을 살펴보아라. 생각지도 못한 기분전환의 기회를 잡을 수 있을 거다.

▶ 홍당무의 소소한 실천 논리

거짓말은 천한 결점이며 아무 소용도 없다는 대부의 말에 대해 "네, 하지만 마음의 여유를 가질 수가 있어요"라고 혼잣말을 하는 홍당무를 보면 단수가 높음을 알 수 있다.

홍당무는 나름대로 노하우가 많다.
눈싸움을 할 때는 눈 속에 돌을 넣어 던지고 언제나 머리를 노린다. 그래야 승부가 빠르다는 것을 아는 것이다. 홍당무는 형과 누나의 장난감을 빌려 놀 때 즐거워서 못 견디겠다는 표정을 절대 짓지 않는다. 그렇지 않으면 장난감을 되돌려 달라는 말이 나온다는 것을 경험적으로 안다(귀납 논리와 연결되는 대목).

5) 귀추 논리적 상징화

홍당무를 한마디로 상징적으로 표현하면 어떻게 될까?

〈홍당무는 '외톨이' 다〉 혹은 〈홍당무는 '찬밥' 이다〉
홍당무는 당근 털 같은 부스스한 붉은 머리칼로 놀림을 받는다.
가족 앨범에 한 번도 등장하지 않는다.
스스로 아무에게도 사랑받지 못한다고 느낀다.

6) 귀납 논리의 예

홍당무는 귀납 논리에 약하다. 〈형은 나를 속인다〉는 일반화를 못해내고 형 펠릭스에게 매번 속임을 당한다. 형과 새 사냥을 함께 나가면, 형은 새를 쏠 엽총을 번갈아 쓰기로 약속을 해 놓고 결정적인 순간이 되면 총을 낚아채서 자기가 쏘아 버린다. 그러면서 또 내일은 그러지 않을 것이라고 맹세하는데 홍당무는 그냥 그 말을 믿어 버린다. 그런 내일, 그 다음 내일이 반복된다.

〈형은 나를 속인다〉
형은 예전에도 나를 속였다.
형은 어제도 나를 속였다.
형은 오늘도 나를 속였다.

홍당무는 귀납 논리의 오류 중 하나인 '성급한 일반화'와 반대되는 방향의 '망각적 귀납'에 빠진 것이다.

3
『어린 왕자』를 읽고

『어린 왕자』[17]는 나이가 들어 읽고 또 읽어도 새로운 여운이 더 길어만 가는 작품이다. 우리는 삶의 체험이 축적될수록 삶에서 진정 소중한 것이 무엇인지를 되돌아보게 된다. 이 책에는 사람들과의 관계 맺기, 사랑을 키워 가고 지켜 가기 등등 자신의 삶의 지점과 연결해서 성찰할 수 있는 끈들이 곳곳에 숨어 있다. 그래서 어른을 위한 철학적 동화의 고전으로 꼽을 수 있다.

1) 연역 논리에 따른 메시지 구성

관계를 맺는 것은 서로 길드는 일이다.

길듦은 사랑하는 것이다.

사랑에는 책임이 따른다.

따라서 관계를 맺는 것은 책임을 느끼는 것이다.

---

17) 생텍쥐페리 지음.

2) 유비 논리적인 생각

사막이 아름다운 것은 어딘가 우물이 숨어 있기 때문이듯이, 이 세상이 아름다운 것은 어딘가 어린 왕자와 같은 존재들이 있기 때문이다.

3) 변증 논리적 진행

어린 왕자가 살던 별(혹성 B612)에서 피어난 꽃송이와 어린 왕자는 서로 길들이지 못한다. 꽃송이의 교만함과 어린 왕자의 불신, 무신경 때문이었다. 서로 헤어진 후 어린 왕자는 여우와의 만남을 통해 자신의 꽃에 대한 염려와 책임감을 비로소 느끼게 되고 그 꽃을 보호하기 위해서 자기의 별로 돌아간다.

4) 실천 논리의 예

어린 왕자는 사막에서 만난 여우를 통해서 타자를 길들이는 법을 배운다.

> **여우:** 친구가 갖고 싶거든 나를 길들여.
>
> **어린 왕자:** 어떻게 해야 하니?
>
> **여우:** 아주 참을성이 많아야 해. 1) 처음에는 내게서 좀 떨어져서 그렇게 풀 위에 앉아 있어. 내가 곁눈으로 너를 볼 테니 2) 너는 아무 말도 하지 마. 말이란 오해가 생기는 근원이니까. 그러나 3) 매일 조금씩 더 가까이 앉아도 돼.

어린 왕자가 이튿날 다시 오자 여우가 이렇게 말했다.

> **여우:** 4) 같은 시간에 왔으면 더 좋았을 텐데. 기다리면서 행복을 느낄 테니까. 5) 길들임에는 예절이 필요해. 어느 때 찾아가면 상대방에게 좋을지를 헤아리는 거야.

5) 귀추 논리적 상징화

어린 왕자라는 캐릭터를 한마디로 상징화하면 어떻게 될까?

〈어린 왕자는 '우주의 눈' 이다〉

보이지 않는 것(보아구렁이가 삼킨 코끼리, 상자 속의 양)을 볼 수 있다.

꽃을 사랑하게 된다.

뱀과 친구가 된다.

여우에게서 가르침을 얻는다.

허물을 벗듯 몸을 두고 별로 간다.

6) 귀납 논리의 예

〈어린 왕자가 여러 별에서 만난 어른들은 이상야릇하다〉

어른 1(임금)은 항상 명령만 한다.

어른 2(허영쟁이)는 숭배를 요구한다.

어른 3(술고래)은 술 먹는 게 창피하다며 또 술을 먹는다.

어른 4(상인)는 무엇이든 제 차지로 만들려고 한다.

4
삐삐 시리즈[18]를 읽고

'삐삐'가 우리나라에 TV 외화 시리즈로 소개되었을 때 전달된 이미지는 괴짜 소녀 정도였던 것 같다. 주근깨 덕지덕지 한 못생긴 얼굴에, 양 갈래로 땋은 머리가 빗자루처럼 치켜올려진 모습, 말만큼 큰 덩치에 이상한 짓만 골라서 하는 아이, 도무지 이상적인 소녀상과는 거리가 멀었다. 어른들은 삐삐의 행동을 이해하지 못했고 상을 찌푸렸지만, 애들이 환호했던 것은 삐삐가 보여 주는 독립성과 거침없는 행동의 자율성이 아니었을까. 어른의 통제 대상이 아닌 아이의 모습은 낯설었지만 애들이 닮고 싶었던 그 무엇은 아니었을까. 특히나 "얌전히 놀아야 한다"며 치마 입을 것을 강요당했던 여자 아이들에게 삐삐는 대안적 역할 모델이 되었던 것이 아닐까.

18) 아스트리드 린드그렌 지음, 『내 이름은 삐삐 롱스타킹』, 『꼬마 백만장자 삐삐』, 『삐삐는 어른이 되기 싫어』.

1) 삐삐의 연역 논리

삐삐는 항상 선생님을 당황하게 한다. 그것도 논리정연한 사고를 통해서 그렇게 한다. 예를 들어 보자. 더하기 문제를 내는 선생님께, 삐삐가 역공을 한다. 몇 살 아래 애들도 푸는 그 쉬운 산수를 못한다는 자괴감은 하나도 찾아볼 수 없는 상태에서 벌어지는 광경이다.

선생님이 학생에게 질문을 하는 것은 당신이 답을 모를 때이다.
선생님은 답을 알고 있다.
따라서 선생님은 질문을 해서는 안 된다.

2) 유비 논리적으로 판단한 삐삐 시리즈의 성격

삐삐 시리즈는 어른과 사회에 의해 억압당하고 무력해지고 마음이 왜소해진 아이들에게 힘을 불어넣어 주는 성장 호르몬이다.

3) 변증 논리적인 역동적 사건들의 연쇄

친구인 아니카와 토미와의 만남과 이어지는 즐거운 놀이 덕분에 삐삐는 행복했다. 하지만 실종되었던 아빠가 돌아오고 그가 추장으로 있는 아빠의 나라로 삐삐는 떠나야 했다. 그러나 뱃고동이 울리고 막 떠나기 일보 직전에 삐삐는 배에서 내린다. 아니카와 토미가 너무 슬퍼하는 바람에 되돌아온 것이다.

두 번째로 아빠가 왔다 가실 때는 아니카와 토미를 데리고 가서 함께 신나게 놀고 돌아왔다. 마지막 부분에서 아니카와 토미, 삐삐는 어른이 되고 싶지 않아서 영원히 아이로 남게 해 준다는 칠릴러그 약(노란 완두콩 알)을 함께 먹는다.

4) 실천 논리의 귀재, 삐삐

어린 아이들만 남은 채 3층 건물에서 화재가 났다. 꼭대기 다락방 창문을 열고 다섯 살, 네 살 형제가 울음을 터뜨리고 있다. 소방차 사다리는 그 높이에 닿지 않았다.

삐삐가 누구인가. 모두 발을 동동 구르고 있을 때 삐삐는

1. 원숭이 닐슨 씨에게 밧줄을 매어 건물 건너편 큰 나무로 올라갔다가 다시 내려오게 해서 고리를 만들었다.
2. 기다란 널빤지를 한 손에 들고 밧줄을 타고 올라가 나무 꼭대기와 창틀 사이에 다리처럼 걸쳐 놓았다.
3. 다락방 안으로 들어가 두 팔에 꼬마를 하나씩 끼고 널빤지 위로 걸어 나왔다.
4. 밧줄 한쪽 끝은 나뭇가지에, 다른 쪽 끝은 아이에게 묶어서 아래로 내려보냈다.

5) 귀추 논리적 상징화

삐삐의 캐릭터를 한 마디로 상징하는 말은 '독립성' 이다.

〈삐삐는 독립적이다〉

혼자서 집안일을 다 해결한다.

어린이집에 안 가고 혼자 산다.

자기 앞으로 된 편지를 쓴다.

학교에 안 다니고 스스로 알아 간다.

아빠로 상징되는 어른 세계에 들어가지 않고 아이들만의 공동체를 꾸린다.

6) 귀납 논리의 예

〈나쁜 사람들은 삐삐에게 혼난다〉

집에 들어와 은화를 훔쳐 가려던 좀도둑 두 명이 혼쭐이 났다.

쿠르쿠르두트 섬에 들어온 진주도둑들이 결국 혼비백산했다.

말을 학대하는 블럼스터룬드 씨가 당했다.

5
글의 논리적 공간 파악하기

논술문이 아니더라도 책 내용 안에 혹은 글 안에 논리가 들어 있다. 어떤 경우는 여섯 가지 논리가 풍부하게 다 함축되어 있기도 하고 몇 가지가 두드러지게 사용되기도 한다. 독자들이 그 내용에 공감하는 것은 어떤 의미의 설득력을 갖고 있기 때문이며 이는 글의 논리적 토대가 튼튼하고 다양하게 구조화되어 있다는 것을 의미한다.

내용상 모순되거나 일관성이 없는 때는 연역 논리가 약한 글이다.
글을 읽는 맛이 떨어지는 경우는 유비적 영상화를 놓친 글이다.
터무니없는 우연적 사건들의 연쇄는 변증 논리가 결여된 글이다.
교훈 일변도로 흐른다면 실천 논리적 방법이 제시되지 않은 글이다.
평면적인 내용으로 전개된다면 귀추 논리의 중층성을 살리지 못한 글이다.
이론적이기만 해서 별로 다가오지 않는다면 귀납적 체험이 약한 글이다.

아홉째 고개

논술문에 대한 인식 틀과 논술문 틀 짜기

논술문을 대하는 우리의 자세

1. 연역 논리적 자세 — 논리적으로 생각해야 논리적으로 쓸 수 있다.
2. 유비 논리적 자세 — 글은 곧 그 사람이다.
3. 변증 논리적 자세 — 글은 변화, 발전한다.
4. 실천 논리적 자세 — 글 쓰는 방법은 다양하다.
5. 귀추 논리적 자세 — 글에는 정신이 담긴다.
6. 귀납 논리적 자세 — 글 안에 경험적 호소력이 있다.

1
논술문 작성, 그 가깝고도 먼 길

논술문은 논리적 사고의 외적인 표현물이다. 800자의 글을 쓰든 1,600자로 쓰든 사유가 잘 구성되어 있고 근거가 탄탄하게 받쳐 줄 때 좋은 논술문이 나온다. 원고지 장 수 채우는 기계적 반복 훈련의 끝은 희망적이지 않다. 글의 형식도 '서론 - 본론 - 결론'의 최소 형식으로 되어 있거나 '문제제기 - 기존 논의 소개 - 요약' 식의 리포트 성격의 글은 자기 발전적이지 않다.

논술문은 작성자를 닮는다. 군살 없이 간단 명료하게 요점만 서술된 글은 마치 x-ray 사진에서 뼈대만 드러낸 사람을 보는 것 같다. 풍성하고 감칠맛 나는 글은 먹음직해 보이는 요리를 만든 숙수(熟手)를 보는 것 같다. 모순되고 대립적인 논점들이 변증법적으로 잘 종합된 글에서는 새로운 희망을 품은 이상주의자의 모습을 떠올리게 된다. 실천적 방안이 잘 모색된 글에서는 인간 두뇌의 창의성에 감탄하게 된다. 글이 다루는 논의 지평이 상하로 자유자재 이동할 때는 고수(高手)를 만난 듯하다. 귀납적 체험이 녹아 있는 글에서는 호소력 있는 가수(歌手)의 목소리가 울려 퍼진다.

요사이 많은 논술교육의 현장에서 '첨삭 지도'를 행하고 있다. 논술의 본 정신에서 볼 때 '첨삭 지도'는 매우 제한적이다. '개념'이 잘못 사용되었거나 '문장'이 잘못 구성되었을 때 그 부분만 도려내고 다른 것으로 덧붙이는 것으로 문제가 끝나지 않는다. 그러한 표현이 나오게 된 생각의 뿌리로 들어가 스스로 비판하고 성찰할 때 좋은 글을 쓸 수 있다.

글을 쓰기 전에 그 주제에 관해 다른 사람들과 풍부하고 초점 있는 대화를 해 본다. 사람마다 어떤 근거로 생각이 다른 것인지를 검토한다. 자신만의 생각을 숙고해 보고, 자기와의 대화 가운데 생각의 변화, 발전이 있는지를 정리한다.

글은 매 수업 시간마다 과제물을 수행하는 것처럼 압박감을 가지고 쓰는 게 아니라 표현하고 싶은 마음이 절절히 우러날 때 그 적절한 타이밍에 기꺼운 마음으로 쓰면 된다. in-put이 많은데 out-put이 없으면 순환 장애를 일으키듯이 적절하게 밖으로 표현해 내는 일이 중요하며 이때 글쓰기는 고통이 아니라 해방적 계기로 삼을 수 있다. 이때 자신의 글 안에서 가장 또렷하게 스며들어 있는 글의 정신을 한마디로 상징화해 보고 기록해 둔다.

논술문은 독자가 있는 글이다. 독자의 입장에서 잘 공감할 수 있는 글을 쓰려면 논자의 생생한 체험 내용이 들어가면 좋다. 글의 주제에 연관된 자신의 체험이 어떤 것들이 있는지 생각해 보고 주변 사람들의 경험들은 또 어떤지 수집해 본다.

2
개요 작성의 필요성

논술문을 쓰는 일을 집 짓는 일에 비유해 보자. 집을 짓기 위해서는 설계도가 필요하다. 만일 나무, 모래, 시멘트, 물 등 건축 자재만 가지고 집을 짓기 시작한다면 금세 난처한 일이 하나 둘 생길 것이다. 나무를 어떤 크기로 잘라야 할지, 기둥을 어느 간격으로 세워야 할지, 시멘트를 얼마나 준비해야 할지, 어느 순서로 작업을 해야 할지 매 순간 결정해야 한다. 작업의 순서가 잘못되었다고 판단되도 교정할 방법을 모르게 된다. 반면 설계도에 따라 집을 지어 가면 즉흥적으로 집을 지을 때 벌어지는 실수들을 피할 수 있다. 인간은 작품을 하기 전에 미리 머릿속에 구상하고, 순서를 계획한다는 점에서 본능적으로 집을 지어 가는 개미나 거미와 다르다고 한다. 20세기 건축의 거장인 르 꼬르뷔지에는 "건축은 머릿속에서 만들어지며 그 후 그려진다. 그 다음에야 대지를 찾는다"라고 하였다.

논술문을 써 내려가기 전에 미리 준비할 사항으로서 가장 기본적인 것은 바로 이 설계도에 해당하는 '개요'이다. 자신이 어떤 내용의 주장을 할 것인가, 그 주장을 튼튼하게 받쳐 주는 보조적인 주장들은 어떤 것인가를 일단은 머릿속에서 틀을 만들어 보고, 그 다음 종이에 적어 보아야 한다. 개요를 쓰면서 머릿속의 생각이 더 잘 정돈되고, 새로운 생각이 솔솔 피어날 수 있다.

요새는 종이에 글을 쓰기보다 워드프로세서로 작업을 하는 사람이 많아졌다. 뭔가를 써야 할 때 자판 위에 손을 올려놓고 개요 없이 그냥 쓰기 시작하는 사람들도 있다. 이는 머리가 아니라 손에 운명을 맡기는 일이다. 즉흥 연주(improvisation)는 재즈 연주의 꽃이기도 하지만 그것은 그만큼 연주자들의 실력과 역량이 뒷받침될 때 나올 수 있는 장면이다. 논술문을 쓰는 선수가 되면 가능할지도 모르지만 그 단계까지 가려면 품을 많이 들여야 한다.

논술문은 건축물처럼 전체적인 구성이 잘되어 있어야 한다. 건축물에서도 그것의 기능이나 목적이 잘 실현되었느냐가 문제 되듯이 한 편의 글에서도 그것의 기능, 목적, 효과가 문제 된다. 건축물에서 방과 방을 연결하는 통로는 매우 중요하다. 창문, 문, 복도 등이 그런 연결의 기능을 한다. 글에서는 이러한 공간적 연결이 아니라 논리적 연결과 논리적 전개가 중요하다. 불필요하게 돌아다니게 하거나 길을 잃게 하는 통로는 잘못된 설계 때문이다. 논리적 전개가 잘못된 글은 길을 잃거나 돌아서 가게 하는 건축물과 같은 불편함을 준다. 심지어 근본적인 오류에 기반을 둔 논증은 성수대교나 삼풍백화점처럼 무너져 내리기도 한다.

학생들에게 글을 쓰게 하면, 종이를 받자마자 써 내려가는 경우가 많다. 이때 교사는 그런 성급한 손놀림에 주의를 주면서, 적어도 글쓰기 시간의 1/3 정도를 개요 작성에 할당하도록 지도해야 한다. 개요를 먼저 작성해 놓고, 글을 써 내려가는 일에 대해 처음엔 다급한 마음에 불안감을 느낄 수 있지만 그러한 정석이 궁극적으로 좋은 글이 나오게 한다는 경험을 할 수 있을 것이다.

신문의 칼럼이든 사설이든 혹은 논문이든, 포괄적으로 볼 때 모든 종류의 '주장하는 글쓰기'는 논술문이다. 논술문을 한 번 읽어 보고 나서, 그 글의 주요 논지와 구조를 파악하기 위해서는 전체 내용을 한 핵심 명제로 정리해 보는 훈련이 필요하다. "결국 무슨 말을 하는 거지?"라는 생각을 계속 하면서 글을 읽다 보면 그 핵심 명제가 간추려진다. 거기에 "무슨 근거로 그렇게 말한 거지?"까지 파악된다면 주장하는 글쓰기의 구조가 선명하게 드러난다. 다른 사람이 쓴 글의 구조를 훤히 들여다볼 수 있는 능력과 자신의 글을 잘 구조화할 수 있는 능력은 서로 연동되어 있다.

전체 내용을 한 문장으로 파악하고 난 후에는 다시 각 문단을 한 문장으로 압축하여 정리해서 서술해 보는 것이 좋다. 논리적으로 잘 전개된 글일수록, 글의 순서를 따라 문장들로 요약한 이후에도 글의 흐름을 파악하는 데 지장이 없다는 것을 발견한다.

3
개요 작성 시 유의점

개요 작성은 중심 개념들을 포착하여 효과적으로 사용할 수 있는 능력이 필요하며 개요를 통해 전체 글의 모양새와 성격을 미리 예상할 수 있다. 한 논제를 받았을 때는, 어렴풋하나마 주장하고 싶은 바를 정해서, 그 문제와 관련된 생각의 싹들을 틔우는 두뇌 운동(brainstorming)을 시작하여 생각나는 대로, 무시로 메모를 해 둔다. 그리고 개요를 작성하면서 집중적으로 글의 뼈대에 살을 붙여 나가는 식으로 글 전체를 구성해 본다.

1. 개요의 각 문장에 번호를 붙인다. 개요의 번호를 보면 논술문의 문단이 어느 정도의 분량으로 나올지 짐작할 수 있다.
2. 개요는 반드시 명제 단위로 작성한다. "… 에 대하여" 혹은 "… 의 좋은 점" 식의 단어들의 나열이 아니라 "… 은 … 이다(하다)" 혹은 "좋은 점은 … 이다"로 서술하여야 한다.
3. 개요는 본문의 내용을 충실히 반영하도록 작성되어야 한다. 따라

서 개요에 없는 내용이 본문에 느닷없이 등장해서는 안 된다. 마찬가지로 개요에 나와 있는데 본문화되지 않는 일도 발생하지 않아야 한다.

4. 개요는 본문의 내용을 효과적으로 압축해야 한다. 개요가 간명하게 짜일수록 글의 구조가 분명해진다. 그러나 너무 단순하게 만들어진 개요는 생각이 아직 덜 정리된 경우일 수 있으므로 더욱 충실하게 작성해야 한다.
5. 개요의 각 문장은 본문에서 한 문단의 중심 요지가 되어야 한다. 그리하여 개요의 각 문장에 부연 문장, 연결 문장을 덧붙이면 본문의 한 문단 분량으로 불어난다.
6. 한 문단의 중심 요지는 하나로 잡는다. 한 문단에 중심 요지가 둘 이상 들어가 있을 때는 문단을 나누어야 한다.
7. 여러 문단에 동일한 요지가 반복하여 등장하지 않도록 한다. 즉 각 문단의 중심 요지를 특화한다. 이 점은 언어의 경제를 위해서 중요하다. 또 독자에게 지루함을 주지 않게 된다.
8. 개요 안에 있는 분장들 간의 논리적 연결에 유의한다. 개요의 각 문장을 쪽지 하나에 적어서 쪽지들을 이리저리 나열해 보고 순서를 바꾸어 보고 재조정한다.
9. 문단 차원의 논리적 연결과 논증의 발전을 염두에 두고 구성한다. 그러면 접속사의 남발을 피하면서 부드럽게 생각의 흐름을 전달할 수 있다.
10. 개요를 일단 작성한 후에는 곧바로 본문화하지 말고 시간을 좀 두고 생각을 식힌다.

4
개요 추리기 사례 연구

논술문이나 칼럼 등 주장이 있는 글을 읽고 나서 그 글의 모든 문단들마다 핵심 내용을 각기 한 문장으로 간추려 정리해 본다면 글 전체의 논증 구조를 간명하게 파악할 수 있다. 이러한 기초 훈련을 성실하게 쌓게 되면 그 후에는 더 압축적으로 개요를 추릴 수 있는 능력이 생긴다.

"결혼은 사랑을 조건으로 하는가?"[19)]

1. 과거에는 중매결혼의 풍속이 일반적이었다.
2. 현대의 연애결혼은 사랑의 조건을 결혼과 직접 결부시킨다.
3. 결혼에서 사랑은 어떤 조건인지를 살펴보겠다.
4. 이 글에서 사랑과 무관하게 맺어지는 정략결혼은 배제하겠다.
5. 사랑을 결혼의 필요조건으로 보는 현실주의는 타산적이라는 문제

19) 소흥렬 외 저, 『논술문 강의와 연습』, 이화여자대학교 출판부, 1998, 98~101쪽 참조.

점을 갖는다.

6. 사랑을 결혼의 충분조건으로 보는 낭만주의는 결혼의 현실에서 부적응을 가져올 수 있다.
7. 사랑을 결혼 전에 성립하는 감정적 교감에 국한하지 않고 평생 부부가 키워 가는 나무로 보는 결과적 조건으로 볼 수 있다.
8. 사랑을 실천적 조건으로 볼 때는 결혼이 개인들의 사적 관계에서 확장된 사회적 기능을 발휘하는 측면을 설명할 수 있다.
9. 결혼은 사랑을 조건으로 하지만 '사랑'의 다양한 의미부여가 가능하다.

▶ 글의 재구성

기왕에 작성한 논술문을 더 보강하거나 그 주제를 새로운 각도에서 조명하고자 할 때 재구성 작업을 할 수 있다. 그 경우 내용의 차이를 감안하여 새로운 제목을 붙인다.

"사랑은 결혼을 위한 어떤 조건인가?"

1. '사랑'과 '결혼'은 아직도 완결판이 나오지 않은 대하드라마이다.
2. 사랑과 결혼의 형태와 의미는 개인마다 편차가 있으나 몇 가지 일반적인 유형을 찾아볼 수는 있다.
3. 사랑을 결혼의 필요조건으로 보는 것은 현실주의다.
4. 현실주의는 강한 현실 적응력을 통해 사랑에 대한 지나친 환상을 억제하는 효과가 있다.
5. 현실주의가 타산주의가 될 때 사랑을 통해 인간의 관계가 성숙해

질 수 있는 계기가 상실된다.

6. 사랑을 결혼의 충분조건으로 보는 것은 낭만주의다.
7. 인간의 삶에서 낭만성을 유지할 수 있다는 것은 활력과 창조성의 원천을 보유하는 것이다.
8. 낭만주의가 현실도피적이 되거나 제도적 결혼의 무의미성을 주장하는 것으로 연결되어서는 안 된다.
9. 사랑을 결혼의 과정적 조건으로 보는 것은 도덕주의다.
10. 도덕주의에서는 사랑을 결혼 전에 완성되는 것으로 보지 않으므로 결혼은 사랑의 무덤이 아니다.
11. 부부관계를 평생토록 하나의 사랑을 완성해 가는 것으로 보는 것이 성숙한 사고다.
12. 사랑을 결혼의 실천적 조건으로 보는 것은 공동체주의이다.
13. 가족은 사회의 안정성을 위한 기초단위다.
14. 가족 안의 사랑을 사회 전체적으로 확장하는 것은 매우 중요하다.
15. 결혼은 어떤 형태로든 사랑을 조건으로 하는데, 그 '사랑'의 의미가 다양하다.
16. 남녀 간의 사랑이 다양한 표현양식을 갖듯이, 사랑과 결혼의 관계도 다양한 형태의 남녀관계로 성립한다.
17. 결혼 후 기본적 가치관, 사고방식의 차이가 드러날 때, 심화된 갈등 속에서 조화의 길을 찾는 것은 많은 대가를 필요로 한다.
18. 바람직스러운 것은 결혼을 통해 결합하는 남녀가 비슷한 사랑관, 결혼관을 갖는 것이다.

5
줄여 쓰기, 늘여 쓰기, 다시 쓰기

개요에 따라 한 편의 글을 완성하고 난 후에는 그 동안의 수고와 고뇌에 대한 포상으로 잠깐의 휴식을 만끽한다. 어렵게 쓴 글일수록, 자신의 생각 자체가 그 과정에서 많이 발전했을수록 애착이 가게 마련이다. 난산 끝에 낳은 아이라고 해야 할까? 그렇지만 글 쓰는 과정이 너무 어려웠거나 심한 부담감에 시달렸을 때, 뭔가 개운하지 않을 때에는 다시는 뒤돌아 보고 싶지 않아서 내던져 버리기도 한다.

우리가 그저 아이를 낳아 놓은 것에 만족할 수 없고, 아이를 키우는 문제가 다시 산더미처럼 무거운 과제이자 동시에 귀중한 성취 과정을 부여해 주는 것처럼 글을 키워 가는 또 하나의 과정이 남아 있다. 글을 줄여도 보고, 늘여도 보면서 더 좋은 글로 성장할 수 있는 여지를 마련해 간다. 그런 후에 글의 재구성 과정을 시작한다.

▶ 초등학생 논술 리더의 기초 체력 다지기

1. 뭔가를 주장하고 싶은 마음으로 스스로 몰아간다.

2. 자신의 주장을 되도록 강하게 표현해 본다.

3. 여섯 가지 논리를 적용하여 논거를 대 본다.

4. 자신의 주장을 반박하는 다른 사람을 상상한다.

5. 자신과 타인이 치고받는 논박의 과정을 가상현실로 체험한다.

6. 반론을 재반박할 수 있는 제2, 제3의 논거를 댄다.

7. 개요를 작성한다.

8. 논술문으로 완성한다.

▶ 초등학생의 논술 기초 체력 다지기

1. 이유나 원인 말하기

2. 계속 질문하기

3. 계속 답하기

4. 밀리는 의견에 편들기

5. 우세한 의견에 딴지 걸기

6. 줄여서 다시 말하기

7. 늘여서 다시 말하기

8. 다른 의견 모으기

열째 고개

초등학생을 위한 논술주제와 논술문 평가 기준

에너지를 절약하자, 그러자.

한반도 통일방안을 제시하시오, 외운 거 쓰자.

예절을 지키는 어린이가 되자, 네.

사랑의 매가 있는가,

아니라고 해도 될까.

진심을 말하면 야단맞을까.

뭘 따지냐, 대충 빨리 쓰고 집에 가자.

1
좋은 논술주제 만들기

어린이들이 빨리 어른이 되고 싶다고 느끼는 경우는 주변이 온통 뭔가를 '시키는' 사람들로 넘쳐 나는 세상일 때이다. 엄마는 동생이랑 싸우지 말고 사이좋게 공부하고 있으라고 시키고, 선생님은 하나도 남김없이 밥을 다 먹으라고 시키고, 주번은 줄을 똑바로 서라고 시키고, 아빠는 텔레비전을 보면서 물 가져오라고 시킨다. '뭐 좀 시키지 않았으면 좋겠다'는 것이 어린이들의 하나 같은 아우성이다. '제발 내 마음 내 생각대로' 하도록 내버려 두면 큰일 나느냐고 묻는다. '잔소리 해방의 날'은 내가 소극적이나마 세상의 주인이 되는 경험이 아닐까?

어린이들이 꼼짝도 않는 경우는 정상 상태가 아니라 비상사태이다. 얼음땡 놀이할 때, 아파서 죽겠을 때, 야단맞을 때, 시체놀이할 때 정도가 아닌가? 생애 주기에서 가장 펄떡펄떡 약동하는 어린이들의 힘이 표출되게끔 물꼬를 터 주기는커녕 '대꾸도 못하게 가로막고 무조건 복종시키는' 세상살이를 겪다 보면 주인 의식은 실종될 수밖에 없다.

그렇게 되면 역설적으로 성장한다는 것은 기존 체제가 시키는 것에 대한 거부감이 줄어드는 과정이 되어 버릴지도 모른다. 청소년기가 되면 '짜증 백 그릇 나지만 학교가, 부모님이, 사회가 시키면 그대로 따라야 하는가 보다' 하고 그 국면만 대충대충 요령껏 넘기려고 한다. 그렇게 자라 어른이 되면 '부모님이 안 시켜 줘서 못했다', '시키는 대로 하는 것이 훨씬 편하다', '그때 왜 나를 꼭 안 잡아 줬어?' 라는 무책임하고 비주체적인 말을 예사로 한다. "누가 내 매니저처럼 인생 계획을 잘 짜 준다면 나는 성공할 텐데"라고 하면서 '자유로부터 도피' 하는 태도가 만연한 어른의 세상에서 아이들은 또 무엇을 배울까.

어린이들의 존재 이유이기도 한 능동성과 자발성을 창조적이고 논리적인 사고 활동을 통해 풀어 놓도록 하는 것이 논술교육이다. 그렇다면 논술 지도자가 가장 먼저 행할 일은 일반화된 사고의 세계를 벗어나는 해방감을 체험하게 하는 것이다. 과제로 주어지는 논술, 평가의 대상만 되는 논술, 부모님에게는 가깝고 우리에게는 먼 미래의 대입을 벌써 준비하는 과정으로서의 논술은 어린이들을 도망가게 한다. 자율적 사고, 비판적 사고, 창의적 사고가 담길 틀이 아니라 정형화된 사고만 학습하게 해서는 두뇌 성장과 촉진이 아니라 지체와 퇴행을 불러온다. '서론 - 본론 - 결론' 의 기계적 형식만 따따따 외우게 하고 어떤 논제든 그 틀에 따라 수백 번 서술하게 하는 일률적 학습에서는 새로운 생각이 고일 공간이 없다.

좋은 논술주제도 마찬가지다. '시키는' 논술주제에서 벗어나는 것이 첫걸음이다. '시키는' 논술주제란 어른들이 전수하고 싶은 주장을 담은 주제를 말한다. 이런 주제들은 어린이들에게 자유롭게 생각할 틈을 주지 않는다. 이미 어떻게 결론을 내어야 하는가를 미리 정하여 똑같이 시키면서 적절한 근거로 빈칸을 채우라는 식이다.

'동요를 사랑하자', '예절을 지키는 어린이가 되자' 등은 '시키는' 논술주제의 대표선수들이다. 어린이들은 이런 주제를 질색한다. '동요를 사랑하기 싫고, 예절을 어기고 싶어서'가 아니라 내 생각을 마음대로 펼칠 수 없도록 미리 한계를 지어 놓은 문제들이기 때문에 싫어한다. 특히 초등학교 고학년쯤 되면 이런 논술문 쓰기를 지겨워하고 만만하게 여긴다. 몇몇 그럴듯한 형식적 논거들을 들이밀고 그 주제로부터 쉽게 도망쳐 버린다. 주제를 보자마자 허겁지겁 끝내는 논술은 논제가 잘못 제출된 경우이다. 한 해가 다르게 성장해 간 본인의 새로운 사고과정과 내용을 반영하지 못하는 데도 뭔가 썼다는 데 만족한다면 참으로 안타까운 일이다. 기껏 논술 공부하라고 보냈더니 한 장도 안 썼다면서 실망하는 어른들을 보는 일은 더 안타까운 일이다.

초등학생 논술교육의 의의에 맞는 좋은 주제란 어떤 것인가?

1) 뻔한 결론이 아니라 문제의식을 발굴할 수 있는 주제여야 한다.

초등학생 시기의 논술교육 활동은 입시를 염두에 둔 스피드 트레이닝 과정과 다르다. 긴 안목과 깊은 호흡을 가지고 이루어지는 꾸준한 기본기를 다지는 작업이다. 어린이들은 논술교육을 통하여 '내 생각'을 형성하는 법을 배우고 '남의 생각'을 이해하며 내 안에 있는 여러 가지 생각 중에서도 '가장 멋지고 신선한 생각'을 논리적으로 구조화해 내는 과정을 거친다. 따라서 교훈적 지침의 강요로 자율적인 생각의 발전을 해치게 되거나 틀에 박힌 고정관념들이 들어 있는 주제는 피해야 한다. 그 주제에 관해 설령 일러 주고 싶은 메시지가 있더라도 때로는 반문을 던져서 그 교훈에 스스로 찾아 들어갈 수 있도록 도와주어야 한다는 것이다.

예 컴퓨터 게임을 하지 맙시다 → 컴퓨터 게임이 공부가 될 수 있는가

2) 잘 모르는 용어나 어휘가 들어 있지 않아야 한다.

논술은 지식 내용을 서술하는 것이 아니므로 어휘와 문장과 내용에서 두루 이해하는 데 어려움이 없는 주제이어야 한다. 예시문을 주고, 부연 설명을 해 주고, 미진한 내용에 대한 보충 설명을 해 주어야 비로소 시작할 수 있는 주제라면 논술교육은 얼마 지나지 않아 금방 지식 전달 수업이 되어 버린다. 무엇보다 교사가 학년별 수준과 학생 개인의 수준에 대해 잘 파악을 해서 같은 문제라도 다르게 표현하거나 문제의 수위를 조절하는 융통성이 있어야 한다.

예 용돈을 어떻게 경제적으로 소비하고 관리해야 하는가 → 초등학교 고학년생과 저학년생은 용돈이 달라야 하는가

3) 문제가 명확하면서 알맞은 깊이를 지니고 있어야 한다.

이렇게 해석할 수도 있고 저렇게 해석할 수도 있는 애매한 문제나 무엇을 묻는지 불분명하고 모호한 문제가 아니어야 한다. 그러나 문제를 분명하게 만든다고 하여 지나치게 단순한 것으로 만들면 곤란하다. 그런 점에서 하나의 문장으로 정리할 수 있는 주제라도 여러 개의 짧은 문장으로 나누어 문제를 만들어 보면 도움이 된다. 아무래도 초등학생들은 문제가 조금만 길어져도 복잡한 물음의 구조를 이해하는 데 어려움이 따르기 때문에 단순한 물음에서 출발하여 좀 더 깊이 있는 물음으로 전개되는 계단식 문제를 주는 방법을 시도할 수 있다.

예 공부 말고도 성적을 매길 수 있는 일이 있는가 → 성적을 매겨서 좋은 점은 무엇인가 → 성적을 매기지 않아서 좋은 점은 무엇인가 → 모

든 일에는 성적을 매길 수 있는가 → 행복은 성적순인가

4) 적절한 시간 안에 이루어질 수 있어야 한다.

요즘 초등학생이 주의력이 산만하거나 집중하지 못한다는 우려를 많이 한다. 그러나 이들은 자신이 흥미를 느끼는 대목에서는 1시간, 2시간도 꼼짝 않고 경청할 수 있는 잠재력도 갖고 있다. 문제는 어떤 방식으로 재미나는 교육 현장을 창출할 수 있는가에 초점을 맞추어 글쓰기 아이템들을 개발하는 것이다. 학년이 높아질수록 집중할 수 있는 시간을 점차 늘려 가는 길도 있고, 집중과 이완의 리듬을 교대로 잘 끌어가는 방안을 모색할 수도 있다. 어른의 기준으로 무작정 어린이들을 오래 붙들고 있으려고 하지 않는 것이 좋다. 그들이 집중하여 토론을 벌이고 글을 쓰기에 적당한 시간을 배정해야 한다. 대개 토론 시간은 작은 모둠 토론의 경우 10~15분 정도, 큰 모둠 토론의 경우 20~25분 정도가 보통 알맞다. 15명 이상이면 주제를 주고 조를 나누어 작은 모둠 토론을 하고 난 뒤 큰 모둠 토론을 해야 토론 내용이 알차다. 글쓰기 시간은 집중도에 따라 천차만별이지만 분량으로 볼 때 고학년이라도 800자 미만으로 쓰는 것이 앉은 자리에서 소화해 내기 쉽다.

5) 일상적인 경험 세계에 맞닿아 있어야 한다.

어떤 특정한 집단이나 계층, 특정한 시대나 지역의 이상과 가치에 따라서 쓰게 되는 주제는 좋지 않다. 도시와 농촌 사이의 교육 환경은 여전히 격차가 크지만 미디어의 보급률이 높기 때문에 예전처럼 도시 어린이들만의 문제나 농촌 어린이들만의 문제라고 볼 수 있는 것은 줄어들고 있다. 그러나 특정 집단의 특정한 경험을 기반으로 하는 문제는

삼가야 한다. 특정 종교 문화에 익숙해야 논술할 수 있는 문제도 피하는 것이 좋다.

예 패밀리 레스토랑에서 생일 파티를 하는 것이 좋은가 → 식탁에서는 조용히 밥을 먹어야 하는가

6) 논리적으로 생각해야 하는 주제를 준다.

논술에서 함양하고자 하는 사고력은 문장의 표현력이나 정서적 풍요로움과 구별되는 것이다. 논리적 접근이 가능하고 논리적 틀로 평가할 수 있는 주제가 좋은 주제이다.

예 숙제를 하고 놀고 싶은가, 놀고 나서 숙제하고 싶은가 → 숙제와 놀이 중에서 무엇을 먼저 하는 것이 좋은가

7) 학교 교육과 연관되는 통합적 주제를 준다.

논술은 국어와 비슷하며 사회와는 약간 거리가 있는 그런 별개 과목이 아니다. 국어, 수학, 사회, 역사, 자연, 예술 등 모든 과목과 연관된 통합교과적인 분야이다. 좋은 논술문을 쓰기 위해서는 때때로 미술이나 역사에서 다루는 주제들을 원용할 수 있다. 그런 면에서 논술의 주제도 다양한 교과의 지식을 활용할 수 있는 내용이 바람직하다. 이때 학교 교육과 연관된다는 것이 학교시험에 도움이 되어야 한다는 것으로 오해되어서는 안 된다. 학교의 정규 교과 과정에 나오는 글이나 주제들과 연결되었을 때 어린이들이 좀 더 재미있게 주제를 받아들일 수 있다는 의미이다. 요즘 교과서는 비교적 많은 생각거리를 던져 주고 있어서 그 안에서도 발전시킬 만한 주제들이 눈에 띈다.

예 '아름다움'은 보는 사람의 눈에 달려 있는가

8) 독서교육과 적절하게 연결될 수 있는 주제를 준다.

책을 많이 읽은 어린이가 더 자신 있고 풍부하게 대답할 수 있는 주제가 좋은 주제일까? 물론 대부분의 글쓰기에서는 책을 많이 읽은 어린이들이 유리하지만 논술주제는 그런 장점을 더 적극적으로 끌어내고 펼칠 수 있도록 도와야 한다. 이 말은 읽은 책의 권 수보다는 몇 권 안 되는 책이라도 곱씹고 곱씹어서 생각에 생각을 거듭한 경험이 있을 때 참신한 글쓰기가 가능하다는 뜻이다. 논술주제를 다루는 과정에서 이런저런 책을 읽어야겠다는 동기가 함께 유발된다면 금상 첨화다. 배경지식을 그저 서술해 놓은 글은 논술문이라고 할 수 없다.

책 읽기는 그 자체로 중요한 것이 아니라, 읽는 과정에서 저자와 그리고 자신과 대화하는 작업이 더 중요하다. 책을 통해서 새로운 생각을 얻게 되었거나 기존 생각을 변화시킬 수 있는 거리를 찾아야 한다. 다독을 무조건 권장하거나 거기에 상을 주는 학교 혹은 동일한 책 읽기를 유도하는 사회는 문화적 미성숙을 드러내는 것이다. 또한 전통적 문자 중심의 독해에서부터 다원화된 표현 매체를 이해하고 수용함으로써 의식 세계를 확장하고 개발할 필요성이 있다.

예 헨젤과 그레텔의 부모가 아이들을 숲에다 버린 것은 옳은 일인가
→ 가난한 부모가 아이를 다른 나라에 입양시키는 일은 옳은 것인가

9) 초등학생들의 생활에 가까운 내용이어야 한다.

초등학생들에게 적합한 난이도의 어휘와 문장이더라도 내용이 그들의 생활에서 동떨어진 것이라면 적절하지 않다. 어린이들이 가장 재미있어하는 주제는 그들이 가장 잘 아는 문제에 관한 주제이다. '어른들의 이야깃거리를 가져와서 우리한테도 묻는구나' 라는 생각이 드는 문

제는 지루하기 십상이다.

예 운전면허를 딸 수 있는 나이를 법으로 제한하는 것은 옳은가 → 휴대 전화를 학교에 가져와도 되는가, 안 되는가

10) 모두가 엇비슷한 글을 쓰게 만드는 주제는 좋은 주제가 아니다.

어떤 논술주제는 이상하게도 모두 비슷한 글을 쓰게 만든다. 사람마다 생각과 경험이 다른데도 천편일률적인 글이 나오는 이유는 무엇일까? 이미 주제 자체가 뻔한 내용을 이끌어 내기 때문이다. 상식선에서 답할 수 있는 주제들이 그런 예이다. 누구나 그렇다고 생각하는 것은 별로 생각할 만한 것이 아니다. 논술주제를 읽자 어떤 표어나 광고문구가 떠올랐다면 상투적인 주제일 가능성이 크다.

예 에너지는 아껴 써야 하는가 → 자동차 없는 도시 생활이 가능한가

2
논술문 평가 기준

남의 글을 접하게 되는 경로는 매우 다양하다. 일기를 예로 들어 보자. 남의 일기를 몰래 본 경험이 있는 사람은 가슴이 콩닥콩닥해졌던 경험을 이야기한다. 그 사람이 은밀히 간직하는 비밀의 한 자락을 알게 되고 그 사람에 대해 전혀 생각해 보지 않았던 것을 알게 되기 때문이다. 혹시 자신에 대한 한마디 말이라도 등장할 때면 일순 긴장이 흐르면서 호흡이 가빠진다. 그 개인의 예기치 않았던 내면의 세계가 펼쳐질 때 미지의 숲 속에 빨려 들어가는 것 같은 경험을 한다.

일기를 볼 때 그 사람이 잘 썼는지 못 썼는지는 별로 중요하지 않게 느껴진다. 그 사람이 간직하는 어떤 마음의 내용이 드러나 있는지에 대한 표현에 유의하기 때문이다. 어떤 표현이 감정적으로 흘렀을 때도 그 정황을 상상해 보면서 이해를 한다. 어떤 표현이 모호해도 그 사람 자신이 아직 어떤 마음의 결정을 못 내렸다는 징표로 받아들인다. 내용의 시비를 분별하기보다 자신도 같이 공감하는 부분에 자연스레 감정이입하는 것이다. 일기는 사적이고 은밀한 표현이 살아 숨 쉬는 주관적 체험의 세계이다.

이와 달리 논술문은 공적이고 객관화된 표현의 세계이다. 이 점에서 일기와 논술문은 서로 대척점에 있다. 그렇다고 해서 논술문이 무슨 공문서처럼 딱딱하고 형식적인 체계로 구성되어야 한다는 것이 아니다. 주관적 의견, 개성 있는 주장이 객관적으로 전달될 수 있게 표현되어야 한다는 것이다. 일기의 독자는 한정되어 있지만 논술문의 독자는 다수 대중이다. 논술문의 필자는 글의 내용을 대중이 쉽게 이해하고 납득할 수 있게끔 독자의 입장에서 다시 한 번 고려를 해야 하는 짐을 진다.

그렇다면 논술문의 평자는 어떤 위치에 있는가? 남의 글을 평가하는 것은 매우 어려운 일이다. 게다가 그 글이 논술문인 경우는 더 부담스럽다. 왜냐하면 평자와 다른 의견이 제출될 수 있고, 사람마다 경험의 내용이 다르므로 자신이 옳다고 주장하는 근거가 다를 수 있기 때문이다. 의견이 다르더라도 그 근거가 합당하면 받아들여 주는 것이 좋다.

지금 우리가 평자의 입장이라면 최선의 길은 평가의 기준을 마련하는 것이다. 아이들의 글이 이것도 좋고 저것도 좋을 수는 없으므로 어떤 최소한의 기준선은 있어야 한다. 논술문의 주제에 따라 여러 주장이 나올 수 있음을 받아들이면서도, 그 주장이 좀 더 강한 논증력을 갖도록 도와야 하기 때문이다. 초등학생 논술 지도자로서, 때로는 좋은 글이 되도록 돕는 역할과 교정하는 역할을 함께 해야 할 때도 있지만, 기본적인 자세는 돕는 것에 그치는 것이다. 어떤 점들을 지적하거나 문제를 제기해 주면 그 후에 아이들 스스로 교정할 수 있도록 하는 것이 왕도이다. 시간이 많이 필요하겠지만 아이들의 생각하는 힘을 믿으면서 정신적으로 성장하는 아이들과 동반자 관계를 유지하는 것이 좋다.

1) 형식적인 면을 검토하기

아이들의 글을 처음 접했을 때 우선 점검해야 할 사항은 형식적인 면이다. 이는 평자의 분석적 안목이 있어야 하는데 크게 세 가지로 나눌 수 있다.

1. 논지의 일관성 — 글 전체가 하나의 주장으로 꿰뚫어지는지를 살펴본다. 자신의 글에 대해 반성하며 검토하는 능력이 부족할 때 앞뒤가 안 맞거나 모순적인 주장이 병행된다.
2. 논거의 정합성 — 논거는 논지를 뒷받침해 주는 역할을 하기 때문에 매우 중요하다. 주장만 나와 있고 그 근거가 설명되지 않으면 글이 공허해진다. 또 근거가 있다 해도, 별로 관련이 없거나 적합하지 않은 것을 끌어댄다면 글이 허술해진다.
3. 논증의 체계성 — 여기저기 산만하게 찔러 보는 식으로 주장하는 것이 아니고, 자신의 주장을 논리적으로 몰고 가려면 순서를 조정해야 하고 앞뒤 배열에 신경 써야 한다. 구성의 묘미가 살아 있는지를 살펴보고, 느슨한 부분을 조율해 준다.

2) 내용적인 면을 검토하기

지금까지 한 번도 생각해 보지 않은 것을 생각해 보는 것은 커다란 발전이다. 작은 생각들이 더 큰 생각으로 발전할 수 있다. 만일 지금까지 생각해 본 것을 그대로 되풀이해서 적는다면 그것은 필사 작업이지 창조적 작업이 아니다. 남들이 생각해 놓은 것, 과거에 자기가 생각했던 것 이상을 해야 새로운 발걸음을 내디뎠다고 할 수 있다. 아이들의 글에서 새로움이 빠진다면 글쓰기의 존재 이유가 없을 것이다. '소박하지만 자기 이야기를 하는 것', '엉뚱하지만 듣고 보니 말이 되는 것' 들을 보배 같은 논술문이라 할 수 있다. 내용적 측면을 평가하려면 다음과 같은 점에 유의해야 한다.

1. 기계적인 글쓰기가 아닌가?
2. 상투적이거나 진부한 표현이 아닌가?
3. 현학적이거나 자기과시적이 아닌가?

3) 아이들이 자기 글을 위하여 지불한 비용을 계산해 보기

1. 고심해서 쓴 글 — 글을 쓰면서 얼마나 고민하고 공을 들였는지, 뜸을 들였는지를 감안한다.
2. 개성이 살아 있는 글 — 아이의 얼굴을 빤히 들여다보는 듯 그 고유성이 톡톡 느껴지는 대목을 찾아낸다.
3. 날카로운 비판이 숨 쉬는 글 — 아이들의 눈이 무섭다고 한다. 어떤 고정관념에 물들지 않고 그대로의 모습으로 세상을 보는 법을 배운다.
4. 설득력 있는 예를 집어넣은 글 — 아이들의 글은 입시생과 달리 이론적인 것보다 자신의 소박한 경험을 귀납적으로 전개하는 경우가 공감과 설득력을 준다.
5. 현장감이 묻어나는 글 — 아이들의 세계는 매우 활기차고 빠르게 돌아간다. 아이들의 생기와 발랄함의 현장 내음을 맡아 본다. 아이들 고유의 언어 세계를 존중한다.
6. 자유롭게 생각한 글 — 어린 시절 나름대로 생각할 수 있는 자유가 커서는 사상과 표현의 자유가 된다. 고정된 틀에 매이지 않는 자유스러움을 느껴 본다.
7. 재미있는 글 — 글의 주제에 따라 다르겠지만 글을 재미있게 썼다

는 것은 그만큼 주제를 자기식으로 소화해 내었다는 징표가 되기도 한다.

8. 향상된 글 — 새로운 생각이 주요하게 도입되어 논거가 더욱 탄탄해졌거나 글이 참신해진 경우를 발견하는 것은 교육자의 기쁨이다.

4) 최종적으로 논평할 때 주의사항

1. 논평은 구체적으로 한다. 막연히 '잘했어요', '참 잘 썼어요'가 아니라 어디가 어떻게 좋았는지를 명시적으로 서술해 준다.
2. 논평은 간결하게 한다. 논평 문장이 길어지면 무슨 소리인지 모르게 된다.
3. 지적은 최소한으로 한다. 당장 손을 볼 필요가 있는 것만 지적한다. 그 경우도 "이렇게 바꾸면 어떻겠니?", "이것을 집어넣으면 어떻겠니?" 식으로 제안하는 것으로 그친다.
4. 교정 훈련은 순차적으로 시간을 두고 계획적으로 한다. 일거에 모든 문제점을 교정할 수는 없다. 시간이 오래 걸리는 문제와 금방 고처지는 문제를 구분하여 여유 있게 지도한다.
5. 글의 좋은 점에 대한 논평이 70%가 넘도록 신경을 쓴다. "네 글은 다 좋은데 이 점만은…"과 "다른 것도 문제지만 이것은 치명적이야" 식의 논평은 질적으로 다르다. 논평 역시 교육의 중요한 과정이므로 격려와 지지를 놓치면 안 된다.
6. 논평으로 관심과 사랑을 표현한다. 아이들은 선생님의 세심한 정성을 먹고 큰다. 선생님이 자신의 글과 생각, 마음을 소중하게 생각하고 있음을 나타내 준다.
7. 논평은 빨간 계통의 펜으로 하지 않는다. 논평은 아이와 선생님

사이에 이루어지는 일종의 대화이다. 붉은색은 일방적 훈육의 느낌을 주면서, 마치 큰 잘못을 한 것 같은 죄책감을 불러일으킬 수 있다.

8. 논술문에 점수를 매기지 않는다. 논술문의 최종 목적지는 100점이 아니라 자신의 생각을 어디까지 논리정연하고 조리 있게 그리고 이와 동시에 풍부하게 밀고 나갈 수 있는가 하는 먼 지평에 있다.

3
논술 지도의 길

아이들의 논술은 손보고 다듬을 수 있는 문장 단위가 아니라 그러한 글이 나오게 된 사유 구조 자체를 통찰할 수 있어야 지도할 수 있다. 글의 논리적 전개가 원활하게 이루어지지 않았다는 것은 사유 방식에 문제가 있다는 뜻이다. 글의 구성이 제대로 되지 않았다면 재구성의 시간과 여지를 별로 갖지 못했음을 말해 준다. 주장의 요점이 정확히 파악되지 않는다는 것은 근거가 부실하다는 것이다.

논술은 정기적으로 수행해야 하는 과제가 아니다. 아이들의 생각이 터져 나올 때가 있고 진전이 잘 안 이루어질 때도 있는 식으로, 연속과 불연속적 성장의 과정을 겪고 있음을 이해한다면 생각의 물이 찰랑찰랑 고일 때에 맞추어 과제물을 제시하는 것이 좋다.

논술은 한 번 썼다고 해서 끝나는 게 아니다. 같은 논제에 대해 시간을 두고 거듭 써 봄으로써 생각의 발전을 기록할 수 있다. 글을 한 번 다루어 봄으로써 생각이 종결된 것이 아니라 그때부터 글을 키워 가는 과정이 보람이 있음을 재미나게 경험해 볼 수 있다.

사실 아이들의 주장하는 글쓰기는 논술문 장르로 국한할 필요가 없다. 체험적 글쓰기건 비판적 관찰일기건 자신만의 사고와 주장이 스며들어 있는 것을 더 심화시키면 주장하는 글쓰기로 다시 태어난다.

열한째 고개

내가 철학교실의 교사가 된다면 –영상물 토론 수업의 가능성

"이! 저렇게 생각할 수도 있구나"

"나도 그런 생각 했는데. 선수를 뺏겼네"

"이렇게 생각하면 왜 안 될까?"

"나는 무슨 근거로 그런 생각을 했을까?"

"지금 내 생각은 진짜 내 생각일까 아니면 보통 사람들의 생각일까 혹은 선생님이나 부모님에게서 별 의심 없이 물려받은 생각일까?"

"생각은 주어지는 것일까 선택하는 것일까?"

"생각을 깊이 하는 것은 사념에 잠기는 것이나 잡념에 휘둘리는 것과 어떻게 다를까?"

"이 생각이 나중에 바뀔 수도 있다면 그냥 판단 중지로 가면 어떨까?"

"여러 사람의 생각을 민주적으로 수렴하다 보면 사공이 많아 배가 산으로 가는 격이 될까?"

"마음을 비우는 것은 생각 없이 사는 것일까?"

1
어떤 의견도 말할 수 있는 공간 만들기

어린이 철학교실은 어린이들이 서로 머리를 맞대고 새로운 생각들을 궁리해 내고 추론해 내는 탐구의 공간이다. 특히 U자 형으로 좌석 배치를 했을 때 모든 구성원들은 서로 대면하면서 효과적으로 토론할 수 있다. 거기에는 토론의 교통정리를 담당하는 교사도 자연스럽게 끼어들 수 있다. 미숙한 연령층을 대상으로 하는 토론 수업에서는 그냥 의자를 둥그렇게 배치하는 것보다는 일정하게 자기를 가려 줄 수 있는 책상 형태가 불안감을 해소하는 데 도움이 된다고 한다.

철학 교실의 지도자는 길잡이이다. 여기에서 관건은 학생들이 또래 안에서 자신의 사고를 표현하고 명료화하고 심화시키는 훈련을 해 낼 수 있도록 교사가 세심하게 준비하고 있어야 한다는 점이다. 교사가 구사해 내는 질문은 다양하고 질적인 수준을 담보할 수 있는 내용이어야 한다. 특히 자신의 시각이나 관점이 일방적으로 전달되지 않게끔 경계하는 일도 중요하다. 교사와 학생들이 1 : 다(多)의 관계가 아니라 교사 역시 한 멤버로서 다 : 다의 관계를 만들 수 있다면, 그리하여 교사가 그런 식으로 집단 안에 스며들 수 있다면 가장 바람직하다.

〈교사가 토론을 끌고 가는 풍부한 어휘 상자[20]〉

- 추론을 이끌어 내기
  "왜 그렇지?"
  "네가 그렇게 말하는 근거는 무엇이지?"
  "결론적으로 어떻게 되는 거지?"

- 가치론적 판단 능력을 발전시키기
  "왜 그 의견이 더 바람직하다고 생각하지?"
  "양쪽 의견이 다 옳을 수도 있을까?"
  "너와 다른 생각은 틀린 생각인가?"

- 논지를 분석적으로 명료화하기
  "_______이 네가 말하고자 하는 것이니?"
  "그 말을 달리 표현하면 이렇게 되니?"
  "요점이 뭐지?"

- 대안적 의견을 생각해 보기
  "누구 다른 아이디어를 가진 사람 있니?"
  "이 문제를 해결할 수 있는 방안이 있을까?"

20) 리프맨, 『어린이를 위한 철학교육』, 서울교육대학 철학연구동문회 편역, 서광사, 1986 참조.

- 토론에 끌어들이기
  "이 의견에 동의(반대)하는 사람 있니?"
  "비슷한 생각해 본 사람 있니?"

- 사고의 일관성을 유지하도록 격려하기
  "네가 아까 말한 것과 일치하니?"
  "너의 이전 발언에 대해 취소하고 싶은 내용이 있니?"

- 더 심화된 인식적 전망을 확보할 수 있도록 자극하기
  "여기에서 생각을 한 발짝 더 앞으로 밀어 볼 수 있을까?"
  "우리가 미처 생각하지 못한 문제가 남아 있을까?"

- 공동의 기반을 찾아내기
  "우리 모두 동의할 수 있는 것이 무엇일까?"

- 논쟁들을 요약히기
  "오늘 어떤 논증들이 펼쳐졌지?"

- 소수 의견 남겨 놓기
  "가장 적게 지지받은 의견은 무엇이지?"

2
영상매체를 이용한 토론 수업

요즘 세대는 수많은 영상물을 보면서 자라기 때문에 활자 텍스트 중심의 '문자 세대' 인 전 세대와 달리 다중매체에 기반을 둔 '영상 세대' 라고 불린다. 이는 대중문화로서 TV 만화 영화나 컴퓨터 게임, 비디오, 애니메이션, 연극, 인형극, 만화 등이 매우 보편화되었기 때문에 가능해진 현상이다. 이에 따라 초등학생들의 다중 감각적 체험 역시 다양해지고 감수성이 풍부하고 섬세해진 만큼, 초등논술교육의 방법도 여기에 맞추어서 더 내용이 충실해질 수 있어야 한다는 것은 지도자에게는 새로운 준비 과제가 된다.

미디어학자 맥루한은 만화에 대해 정밀도가 낮은, 즉 정보량은 적지만 참가 요청도가 높은 표현 형태라고 말한다. 또한 영화에 대해서는 관객의 세계로부터 또 하나의 세계, 즉 필름에 의해서 만들어지는 세계로 옮겨 놓는 일이라고 한다. 이어서 광고는 개인적인 논의와 견해를 밝히는 대신 모든 사람을 대상으로 말하면서 복잡하고 전체 포괄적이며 집단적인 아이콘의 세계로 데리고 간다는 것이다. 사진은 시간의 흐름 속에서 하나의 '순간' 을 분리해 주었고 문장 구성법 없이 시각적 리포트를 작성하는 방법을 발견하게 해 주었다고 한다.

여러 시각 매체에 포위된 이 시대적 체험을 읽기 위해서 우선 영상 정보와 문자 정보의 차이를 분명히 하는 것에서 논의를 시작했으면 한다.

1) 영상 정보는 내용을 눈앞에 펼쳐 놓는다.

영상 정보는 직접적이며 분명하게 각인되는 효과를 갖는다. "百聞이 不如一見"이라는 격언은 여기에서도 통용된다. 머릿속에서 상상으로 전개되는 장면들을 생생한 영상, 이미지로 표현해 내기 때문에 가상현실(virtual reality)에 대한 체험이 훨씬 더 즉각적으로 이루어지게 된다. 문자 정보가 기억력, 암기력에 주로 의존해서 저장되는 반면, 영상 정보는 직관력, 상상력을 동원하는 것이다. 문자 상태로 본 것과 실물을 본 것은 인식의 체화 정도가 질적으로 다르다.

2) 영상 정보는 공간적이다.

영상 정보는 시간적 순차성의 제약으로부터 비교적 자유롭다. 한 공간 안에서 다양한 상황들이 동시적으로 발생할 수 있다. 이미지들의 충돌과 비약, 생략 등도 자주 발생한다. 이는 문자 정보에서 사건 전개의 시작과 끝, 그리고 그 중간 과정이 시간적인 직선으로 이루어지는 것과 대조적이다. 사실 인간의 두뇌는 공간적 지각력과 시간적 인과관계 파악을 동시에 해 내기 때문에 영상 정보 처리와 문자 정보 처리를 둘 다 자연스럽게 해 내는 것이 더욱 바람직하다. 시간의 일치, 장소의 일치 등의 제약 원리에서 벗어나 자유롭게 상상해 보는 힘을 기른다면 그러한 집단적 상상력이 새로운 세상을 만들어 낸다.

3) 영상 정보는 구체적이다.

영상 정보는 구체성의 면에서 문자 정보보다 앞선다. 그만큼 어떤 내용을 영상 정보로 재현해 내기 위해서는 문자 정보보다 더 치밀한 구상력을 요구한다. 문제 상황 설정, 스토리 전개, 캐릭터 분석, 그림, 이미지 등의 효과 분석 등이 구체적일 때라야만 영상화가 성공한다. 같은 이야기라도 전달하는 사람에 따라서 어떤 이는 마치 그 공간에 들어가 보기라도 한 것처럼 살을 보태서 구체적으로 묘사하기도 하고, 어떤 사람은 추상적으로만 이야기하고 끝낸다. 이와 마찬가지로 영상 정보가 은유, 상징, 이미지를 구체적으로 풍부하게 담고 있기 때문에 우리의 사고를 심도 있게 자극하는 것이다.

4) 영상 정보는 대화의 장이다.

영상 정보는 일방적인 가르침을 전달하기보다는 개성적인 배움의 과정을 이끌어 낸다. 영상에 대한 느낌이나 깨달음, 각성의 과정은 선생님과 학생의 수직적 위계 관계를 깨뜨리고 둘 다 같은 차원에서 수평적인 공감대를 형성하게 해 준다. 예전의 전형적인 교육 방식은 평균적인 교육 내용을 일반화된 방식으로 학생들에게 균질적으로 제공하는 것이 대부분이었다. 이는 교육 풍토의 문제이기도 했지만, 교육 매체가 문자에 거의 의존했던 결과였다고 본다. 즉 어려운 개념, 지식 체계를 문자에 담아 전달하고자 할 때는 그 개념의 추상성이 우리의 사고를 한 틀에 묶어 놓기 쉬웠던 것이다.

이렇듯 영상 정보는 문자 정보가 줄 수 없는 차원의 영향력을 우리에게 행사하고 있다. 혹자는 이 시대를 '무분별한 영상에 혹한 어지러움의 시대'라고 비판하지만, 이는 일면적인 사고라고 본다. 영상 정보가 제대로 갈무리된다면 영상 세대가 "감각적이고, 말초적이고, 쉽게 흥분하고, 집중 못하고, 정서 불안정에, 쉽게 싫증 내고, 성급하다"는 비난을 받을 이유가 없다. 왜냐하면 아무리 영상 정보가 홍수처럼 쏟아져도 그것들이 저절로 우리의 사고에 침범해 들어와 우리 내면을 황폐화할 수는 없기 때문이다. 영상은 그 내용과 메시지를 쉽게, 빠르게 전달할 수 있는 매체일 뿐 내용과 메시지를 "떠먹여 주는" 역할까지 하지는 못한다. 영상물 가운데서 쉽게 소화되지 않고, "도대체 뭘 말하는 거지?" "왜 사건이 이렇게 전개되는 거지?"라고 우리에게 말을 거는 것들이 많다. 어찌 보면 철학적으로 성찰하게 하는 영상물이란 쉽게 답을 보여 주는 것이 아니라, 그걸 보는 시간에 해결되지 않는 문제들을 계속 잔영처럼 떠오르게 해 주는 긴 호흡을 갖춘 것들일 수 있다.

우리가 영상물로 수업을 하려면 우선 대화의 주제를 잘 제시해 주는 좋은 작품들을 골라야 할 텐데 그 기준이 무엇인지 살펴보고자 한다.

1. 논리적 구성에서 치밀해야 한다. 논리적 일관성이나 정합성이 부족한 채 상상력, 때로는 황당무계한 설정만으로 스토리를 끌고 가서는 아이들의 논리적 사고의 힘을 성장시켜 갈 수 없다.
2. 메시지가 분명해야 한다. 그러나 너무 뻔한 결론보다는 다양한 해석에 열려 있는 개방적인 작품이 좋다.
3. 내용을 갈무리하는 과정에서 곱씹어, 심층으로 한 단계씩 내려가 생각하도록 유도해야 한다. 표면적으로 전개되는 사건과 심층적으로 담은 세계관이 중층적으로 연결되어 있는 구조면 좋다.
4. 영상물이 꼭 재미있고 스릴이 넘치는 것이어야 하는 것은 아니다.

그리고 할리우드 식의 박진감 넘치고 화려한 볼거리의 영상이라도 효과에 압도당할 것이 아니라, 내용적 감동으로 연결될 수 있는 작품이면 대화를 시도해 볼 수 있다.

3
수업 프로그램 A:
아이와 새는 친구가 될 수 있는가?

다음 영화는 한 소년과 흰 기러기가 맺었던 아름답고 짧은 우정에 대한 것이다.

[소년과 흰 기러기]
감독: 게일 토마스
상영 시간: 10분 32초
관람 대상: 초등학생 전 학년

〈줄거리〉

한 무리의 아이들이 연을 날리며 신나게 놀고 있습니다. 갖가지 예쁜 연들이 한창 바람을 타고 날아오릅니다. 그런데 어디선가 찍찍거리는 소리가 들리고는 사라졌습니다. 한 소년이 처음에는 그냥 지나치려고 했는데 다시 찍찍거리는 소리가 들리자 덤불을 헤쳐 보았습니다. 그 속에는 하얀 기러기 한 마리가 피

묻은 채 신음하고 있었습니다. 한 아이는 이 기러기를 막대기로 찌르려고 했습니다. 또 한 아이는 돌로 치려고 합니다. 소년은 이들을 말리고 겁에 질린 기러기를 따뜻하게 감싸 안고 집으로 돌아갔습니다.

소년은 헛간 한쪽에 보금자리를 만들어 주고 기러기를 그 안에 뉘었습니다. 피를 닦아 주고 붕대로 상처 부위를 매 주었습니다. 그리고 먹을 것을 주었습니다. 다음날 이 기러기는 힘을 회복해서 소년과 함께 노는 동무가 되었습니다. 해변에 모래성도 쌓고, 낚시질도 함께 하고, 보트놀이와 수영도 하면서 즐거운 시간을 보냅니다.

그러나 어느덧 겨울이 다시 왔습니다. 철새인 기러기는 멀리 따뜻한 남쪽 나라로 이동하는 동료 기러기들을 바라보다가 그만 그들을 좇아 훌쩍 떠나 버립니다. 홀로 남은 소년은 기러기 친구를 그리워하다 잠이 들었습니다. 꿈속에서 소년은 친구 기러기를 타고 함께 새가 되어 하늘로 날아갑니다. 예쁜 무지개와 별이 빛나는 그곳에서 소년은 날개 달린 기러기가 되어 함께 훨훨 날아다닙니다. 그러다 그 소년은 꿈에서 깨어났습니다.

아이들은 다시 연을 날리러 들판으로 몰려나옵니다. 소년도 친구들과 함께 어울립니다. 그런데 저쪽 하늘에서 기러기 떼가 날아옵니다. 소년은 자신의 친구 기러기가 있는지 찾아봅니다. 그때 그 기러기가 소년을 알아보고 앞으로 나옵니다. 두 친구는 반가워 얼싸 안습니다. 하지만 얼마 후 기러기가 다시 동료와 떠나야 할 때가 다가옵니다. 기러기들이 날아오르고 마지막 차례가 되었습니다. 서로 눈빛을 주고받다가 그 기러기는 하늘로 날

아갔습니다. 소년도 자기를 부르는 친구들을 따라 연을 날리러 갑니다.

준비 동작

영상물을 매체로 수업을 처음 진행할 때는 일단 영상물을 한 번 보여 주고 나서, 그 줄거리를 스스로 요약해서 발표하게 해 보는 것이 좋다. 아이들마다 인상적으로 기억하거나 구체적으로 관찰하는 대목이 다를 수 있기 때문에 그 차이를 함께 대조해 보면 재미있다. 아이들이 영상물 수업에 차츰 익숙해지면 줄거리 요약 시간을 더욱 짧게 할 수 있다.

대화 1단계

- 처음에 이 소년은 다른 아이들과 다르게 왜 기러기를 보호해 주었을까요?

- 소년과 기러기는 말을 주고받지 않습니다. 친구 사이에는 말이 필요 없는 것일까요?

- 소년과 기러기는 말을 주고받지 않네요. 하지만 마음속으로 서로 어떤 말을 주고받지 않았을까요? (그 장면으로 되돌아가서, 소년과 기러기가 '나누었을 법한' 이야기들을 끄집어내어 본다.)

- 소년은 기러기와 헤어지는 것이 싫었습니다. 기러기도 소년과 헤어지는 것이 싫었습니다. 그렇지만 그 둘은 서로 붙잡지 않았습니다. 왜 그랬을까요?

• 소년이 기러기를 붙잡아서 애완동물처럼 계속 같이 산다면 더 좋은 일이 생길까요? 아니면 어떤 문제가 생길까요?

• 기러기 떼가 다시 날아왔을 때 그 기러기는 소년을 어떻게 알아볼 수 있었을까요? 그 기러기에는 아무런 표시가 없고, 기러기들은 모양이 비슷비슷한데 소년은 그 기러기를 어떻게 알아볼 수 있었을까요?

• 집이 이사를 하기 때문에 자기가 살던 동네, 동네 친구들, 학교 친구들과 헤어져야 할 때가 있습니다. 친구들끼리 헤어지면 우정이 변하는 것일까요? 거리가 떨어져 있는 친구들끼리 우정을 이어갈 방법이 있을까요?

• 기러기 떼와 아이들 집단은 무엇이 같고 무엇이 다른가요?

• 사람들끼리 헤어져서 더 좋은 경우도 있나요? 다시 만나서 더 좋은 경우도 있나요?

대화 2단계

• 다른 동물과 친구가 되어 본 적이 있나요? 서로 마음이 통한다고 느껴 본 적이 있나요? 내가 동물에게 도움을 준 일이 있나요? 동물이 나에게 도움을 준 일이 있나요?

고양이 ______가 나를 위로해 줄 때가 있나요?
고양이 ______가 심심하다고 내 주변을 빙빙 돌 때가 있나요?

강아지 ______가 내게 장난을 걸어올 때가 있나요?
강아지 ______가 삐쳐서 모른 척할 때가 있나요?
강아지 ______가 자꾸 부엌 쪽으로 나를 데려갈 때가 있나요?
고양이 ______가 나를 골탕먹인 적이 있나요?

• 동물들은 자기 마음을 표현하기 위해서 어떤 소리를 내고, 어떤 행동을 하나요? 사람들은 동물의 기분을 어떻게 느낄 수 있을까요? 동물들은 사람의 기분을 어떻게 느낄 수 있을까요?

• 동물들에게도 개성이 있나요? 다른 집 고양이나 강아지가 할 수 없는 행동을 우리 집 동물 친구가 하는 경우가 있나요?

• 내 친구 한돌이는 7년 가까이 친구가 되었던 개 보비와 헤어져야 할 것을 생각하면서 지금 슬픔에 잠겨 있습니다. 보비가 너무 늙고 병들어 병원에서는 안락사를 시키는 것이 좋다고 합니다. 여러분은 한돌이를 어떻게 위로할 수 있을까요?

• 애완 동물을 식구처럼 보살피면서 사는 사람들이 많이 있습니다. 하지만 기러기는 기러기 떼 속에, 사람은 가정 안에서 사는 것이 더 좋은 것이라면 그들을 돌려보내야 할까요? 돌려보내야 한다면 어디로 보내야 할까요?

4
수업 프로그램 B:
사람과 사람 사이, 사람과 자연 사이에 지켜야 할 원칙이 있는가?

다음 두 영화는 "함께 살아간다"는 말이 무엇인지를 생각해 보게 합니다. 두 영화 안에서 공통적으로 느껴지는 점을 찾아내고 그 차이도 비교해 봅시다.

[맛있게 드세요]

감독: 마르텐 쿠프만

상영 시간: 10분

관람 대상: 초등학생 전 학년

〈줄거리〉

큰 저택 현관문 옆에 거지가 한 명 앉아 쓰레기통에서 꺼낸 음식들을 그럴듯하게 차려 놓고 막 식사를 하려는데 주인이 나와 크게 화를 내며 쫓아 버립니다. 거지는 쫓겨 가고 그가 먹으려던 음식은 다시 쓰레기통에 처박힙니다. 주인이 집안으로 사라지자 쓰레기통에 버려졌던 음식들과 식탁 보자기, 촛대와 포크, 깨진 접시 조각들이 하나씩 빠져나와 춤추듯 움직이며 한 줄로 늘어 섭니다. 그리고 현관 앞 계단을 올라 문틈을 통해 집안으로 기어 들어 가지요.

이윽고 키가 큰 음식 찌꺼기에 촛대까지 다 들어오자 때마침 손님들이 몰려옵니다. 놀란 음식 친구들은 얼른 가구 밑에 숨어 버립니다.

초대받은 사람들은 굉장한 신분을 지닌 사람들로 보입니다. 그 오만하던 집주인도 "시장님, 사모님, 서장님"해 가면서 굽실 굽실하니까요. 이윽고 주인과 손님들이 응접실로 사라지자 음식 친구들은 일제히 식탁 위로 기어오르기 시작합니다. 제일 먼저 식탁보가 정갈하게 펴지면서, 포크와 수저가 춤추듯 뛰어올라 제자리를 잡고, 냅킨도 단정하게 제 위치로 갑니다. 깨진 접시는 감쪽같이 새 접시로 둔갑하고, 이가 빠진 포도주 잔도 멀쩡하게 새 것으로 바뀌어 포도주가 채워집니다. 화려하고 먹음직스러운 요리들이 접시 위에 하나씩 차려지기 시작합니다. 생선 뼈는 먹음직스런 생선 요리가 되고, 뼈다귀는 고기 요리로 둔갑합니다. 깨진 계란 껍데기는 삶은 계란이 됩니다. 촛대에 불이 켜져서 아름다운 식탁이 완성됩니다.

그런데 갑자기 주인이 들어오자 아름답고 화려했던 식탁이 순식간에 엉망진창 쓰레기로 변해 버립니다. 이를 본 주인은 당황해서 주저앉아 버리고 식탁을 찾은 손님들은 화를 내며 돌아가지요. 이제 한 보따리의 쓰레기로 변해 버린 음식들은 주인 앞을 스쳐 유유히 밖으로 걸어 나갑니다. 그리고 아까 주인에게 쫓겨

낮던 거지 아저씨 앞으로 가 다시 멋진 식탁을 차리고는 포크로 포도주 잔을 두드리며 아저씨를 깨웁니다. "맛있게 드세요!" 하면서 말이지요.

대화 1단계

- 줄거리 요약 대신에 "어떤 사건이 일어났는가?", "일어난 일 중에 무엇이 제일 중요한 사건인가?", "발생한 일들을 누가 해결했는가?" 식으로 발표해 보세요.

- 거지의 얼굴과 집주인의 얼굴에서 나타나는 표정의 차이를 설명해 보세요.

- 집주인이 거지를 대할 때와 신분이 높은 손님을 대할 때의 차이를 비교해 보세요.

- 집주인이 들어오자 화려하게 차려져 있던 음식들이 쓰레기 난장판으로 변해 버렸습니다. 왜 그랬을까요?

- 음식들이 말을 할 수 있다면, 집주인에게 뭐라고 했을까요?

- 거지와 집주인 중에서 누가 더 마음이 부자인가요?

- 이 영화의 주인공은 누구인가요? 누가 어떤 문제를 해결했나요?

[하늘의 제왕]

감독: 루드밀라 제만, 유진 스팔레니

상영 시간: 12분 57초

관람 대상: 초등학생 전 학년

〈줄거리〉

세상에 빛과 따스한 공기, 하늘과 바다, 나무와 꽃들조차 생겨나기 전, 까마귀들이 태양을 가져와 비로소 모든 것이 살아갈 수 있게 되었습니다. 햇빛과 물, 숲과 새들이 어우러져 평화롭게 살아가는 가운데, 마을 사람들 역시 모든 생명은 서로 연결되어 있으며 그러므로 서로 의지하고 살아야 한다는 믿음을 갖고 있었습니다. 사람들은 바구니에 먹을 것을 넣어 놓고 새들은 날아와 자유롭게 그것을 먹는 평화로운 생활이 계속되었습니다. 가끔 까마귀들이 떼를 지어 다니며 사람들을 귀찮게 하고 괴롭혔지만 사람들은 잘 참고 살아갔습니다.

위스 소년은 어렸을 때부터 동물과 친했고, 특히 까마귀와 친했습니다. 다른 생물들을 귀하게 여기는 아름다운 품성을 갖고 있었습니다. 어느 날 까마귀가 괴롭히는 것을 참다 못한 한 아이가 활을 쏘아 그중 한 마리를 죽이는 사건이 발생합니다. 노여워진 까마귀들이 한꺼번에 시커멓게 노을 속으로 몰려들어 태양을 완전히 가려 버립니다. 이제 빛은 사라지고 어둠만 남게 되었습니다. 사람들은 추위와 두려움에 떨게 됩니다. 하는 수 없이 함께 모여 해결책을 찾습니다. 족장은 "배고플 때만 동물을 잡아야 하는데, 그렇게 하지 않아 까마귀들이 사람을 벌주는 것"이라고 질책하며 이제 자신들이 살길은 멀리 있는 '하늘의 제왕' 을 찾아가 도움을 청하는 일뿐이라고 말합니다. 평소 까마귀들과 친했던 위스가 뽑혀서 먼 길을 떠나게 되었습니다. 위스는 굶주림 속에서 오랜 바닷길을 헤매다가 지쳐 정신을 잃어버립니다. 배는 파도에 휩쓸려 어느 바닷가에 닿았습니다. 어느덧 정신을 차린 위스는 어디선가 애타게 우는 새소리를 듣고 절벽 위를 기어올라가 그곳에 떨어져 있던 아기 독수리를 구해 줍니다.

위스는 아기 독수리의 안내로 '하늘의 제왕' 독수리를 만납니다. 위스의 호소를 들은 제왕 독수리는 사람들의 잘못을 크게 나무라지만, 위스가 아기 새를 구해 준 데 대한 감사로 그의 소원을 들어줍니다. 위스를 태우고 태양 앞으로 날아가 까마귀 떼를 몽땅 쫓아 버렸습니다. 세상은 다시 빛을 찾고 사람들은 행복한 생활로 돌아왔습니다.

대화 1단계

- 까마귀 떼가 태양을 가린다면, 여러분은 이 문제를 어떻게 해결할 수 있을까요?
- 사람들이 자연에 대해 나쁜 짓을 한 경우가 있나요? 그 경우 자연이 사람들을 혼내 주는 일은 어떤 것일까요?
- 사람은 '하늘의 제왕' 인 독수리보다 더 훌륭한가요, 그렇지 않은가요? 그 이유를 말해 봅시다.

• 이 영화의 주인공은 누구인가요? 누가 어떤 문제를 해결했나요?

대화 2단계

• 사람과 사람 사이에 지켜야 할 원칙이 있나요?

• 사람과 다른 동물 사이에 지켜야 할 원칙이 있나요?

• 이 두 영화에서 공통점이 무엇인지, 차이가 무엇인지 찾아봅시다.

영상물을 두 개 연속해서 보고 그 내용에 대해 교차 토론을 하는 일은 더욱 집중적으로 비교, 분석하는 힘이 필요하기 때문에 훨씬 어렵지만 도전해 볼 만한 가치가 있습니다. 내용에서 혹은 주인공들의 행동에서 공통점과 차이점을 발견하고 그 근거에 대해 토론해 볼 수 있습니다. 한 문자텍스트가 만화, 영화 등등 다른 매체로 표현되었을 때 그 상이한 효과와 내용 변화 과정을 추적해 보는 일도 재미있습니다.(샬롯의 거미줄, 해리포터 시리즈 등)

열두째 고개

초등논술 리더의 셀프 리더십

스스로 논술문을 쓰지 않는 사람이 논술을 지도한다면 벽에 부딪친다.
초등학생 정도는 글을 봐 줄 수 있다고 생각한다면 어른의 착각이다.
지식만을 안기고 수업을 마친다면 범주 오류이다.

학생들을 지도하면서 함께 성장한다면 축복이다.
자신의 지도 경험을 주위에 나누는 일은 용기이다.
학생 각 개인의 파일을 정리해 둔다면 역사이다.

어느 길로 접어들 것인가?

1
논술 리더의 자리와 역할

논술 리더는 아이들과 하는 대화에서 즐거움을 느끼고, 그 안에서 자신도 배울 점을 정리할 수 있어야 한다. 공자처럼 "평생 배움에 물리지 않고, 가르침에 시들지 않는" 태도가 필요하다. 이때 아이들을 상하 관계에 위치시키지 않아야 배움이 넘쳐 날 수 있다. 아이들과의 수평적 상호 작용이 전체 장을 활성화한다.

아이들 사이에, 아이와 어른 사이에 교류하고 소통하는 지적 자극의 흐름이 '나비효과'[21]를 가져올 수 있다. 부모님이 손에서 책을 떼지 않는 가정에서는 '공부해라' 소리가 사라진다. 식탁에서 저녁마다 열띤 토론과 논박이 시끄럽게 진행되는 집은 곧 지성의 전당이 된다.

또 누군가는 내가 모르는 것들을 알고 있기 때문에 내가 아는 것을 남과 공유하고 연결할 때 세상은 내게 막대한 자원으로 등장하고 스승이

21) 윤혜린, "여성주의의 사회적 파워를 위한 리더십 모형: 나비효과를 소환하기", 『여성주의 리더십 새로운 길찾기』, 이화여자대학교 출판부, 2007 참조.

된다. 지성의 독점이 아니라 공유가 필요하다. 그런 점에서 리더는 집단의 우두머리가 아니라 관계망을 촘촘히 엮어 낼 수 있는 사람이다. 헤드십(headship)이 아니라 팀십(teamship)을 구사할 수 있는 사람이다.

논술 리더가 학식이나 지식이 많다면 유익한 점이 많지만 그것을 지혜로 승화시킬 수 있는 마음의 바탕을 갈아야 어린이를 위한 철학을 할 수 있다. 정보가 넘쳐 날수록 내게 소중한 것을 체화할 수 있는 능력이 중요하다. '든 사람' 은 많지만 내 나름의 신념체계로 확립해 가는 사람은 드물다. 지식과 정보를 수동적으로 축적하는 것이 아니라 나름의 갈무리로 지성을 성숙시켜 가야 한다.

철학은 평생이 걸려도 마침표를 찍을 수 없는 과정이며, '철학함' 이란 현재 진행형 혹은 동사적 사건이다. 철학의 내용은 완비된 콘텐츠가 아니고 철학을 할 수 있는 테크닉이 따로 있는 것이 아니다. 따라서 논술 리더에게는 논리적으로 깊게 사고해 보고, 한발 더 나가서 생각해 보는 끝없는 훈련 과정이 있을 뿐이다.

논술 리더는 자신의 생각을 스스로 과격하고, 근본적으로 한다(wild, radical thinking). 리더가 언어와 사유의 문턱을 낮추면 성원 간에 자유롭고 눈치 보지 않는 소통의 장이 마련된다. 리더가 물그릇을 크게 만들어 놓으면 각종 모양을 가진 생각들이 그 안에서 헤엄쳐 다닐 수 있다.

또한 리더의 말은 부드럽게 나가고 리더 스스로 말과 실천을 합일시킨다. 여론과 상식, 통상적 규범에 얽매이지 않고 진리를 추구하는 것이 중요하다. 진리는 다수결식 민주주의의 결과물이 아니다. 각 개인이 남과 다른 식으로 자유롭게 생각할 수 있는 자유는 인권의 토대이다. 남의 생각에 대한 비판도 자유이다. 그러나 비판적 사고의 기준을 스스로 엄격하게 갖는다.

논술 리더는 타인의 의견을 비판하되 사람 자체를 비난하지 않는다. 말은 상처를 주는 도구가 아니라 마음을 확장시키는 도구로 쓰여야 한다. 부모나 주위에서 받는 아이들의 마음의 상처는 그 자체로도 문제지만 통합적인 인격체로 당당하게 설 수 있는 자기 효능감을 현저히 떨어뜨리고 두뇌 기능, 마음의 기능을 비활성적으로 만들어 그릇을 왜소화시킨다.

요사이 우리 사회에 대두되고 있는 '변혁적 리더십' (transformational leadership) 이론을 여기에 적용시켜 본다면 논술지도는 궁극적으로 학생과 교사 양쪽이 지닌 사고의 틀 자체를 구조개혁하는 일이다.[22] 글쓰기나 말하기 행동을 하나하나 교정하고 변화시키는 것에서 벗어나 사고의 바탕을 이루는 판을 해체하고 재구성함으로써 새롭게 글을 쓰고 토론하는 길로 유도하는 것이다.

이를 위해서 논술 리더는 카리스마, 지적 자극, 영감 불러일으키기, 개별적 배려의 네 가지 자원을 스스로 함양하는 셀프 리더십을 가져야 한다.

'카리스마' 는 리더가 자신에 대한 강한 정서적 동일시를 불러일으킴으로써 학생 및 학부모들에게 심대한 영향력을 미치는 속성이다. 원래는 "하늘로부터 부여받은 은총"을 칭했지만 요사이는 타고난 자질이라기보다는 부단히 노력하는 가운데 획득되는 능력으로 해석한다. 논술교육의 지향성과 가치에 대한 신념을 주위에 확산시키면서 단기적인 성과나 기술적 방법 개발에 연연해 하지 않고 원칙적인 지도의 길을 당당하게 걸어갈 수 있게 하는 데 카리스마가 필요하다.

---

22) 같은 글 참조.

'지적 자극'은 리더가 지식을 통해 새로운 아이디어를 제공함으로써 도전의식을 느끼게 하고 일상적인 문제에 대해서도 새로운 방식으로 생각해 보도록 자극하는 것이다. 리더 스스로 끊임없이 학습하면서, 전승된 지식의 수용자에 머무르지 않고 스스로 지식 생산자가 되려고 하는 모습이 주변에 진정한 자극이 된다. 요즘처럼 지식의 생산 - 유통 - 소비의 주기가 짧아지고 지식 자체의 성격이 다원화될 때는 리더가 하루라도 공부를 게을리할 수가 없다.

'영감 불러일으키기'는 구성원들과 함께 비전을 공유하는 데서 다양한 상징들을 사용함으로써 비언어적인 자원들을 통합적으로 결합시켜 가는 과정을 말한다. 리더의 사유가 고정적이고 폐쇄적인 두뇌 회로 안에 갇히지 않고, 말랑말랑하고 유연한 개방적 틀 안에서 자유롭게 항해할 수 있으려면 논증력이나 구성력 말고도 직관의 힘, 통찰의 힘, 미래를 구상하는 힘 등이 필요하다.

'개별적 배려'는 학생 개개인에 대하여 특화된 관심을 갖고 그들을 각각 신뢰하고 존중하고 개성적으로 지도, 양육하는 것이다. 이 세상에 꼭 같은 것이 없듯이 학생 개개인은 모두 다 다르고 특별하다. 사실 맞춤식 지도는 시간과 에너지가 많이 들고 애도 많이 써야 가능하기 때문에 실전에 적용하기 어려운 점이 있다. 하지만 인재 육성은 대량 생산 체제 안에서 가능한 것이 아니라 개체 고유의 잠재력을 최대한으로 고양시키는 과정 안에서 달성된다는 점을 인식하고 개성화된 차세대 리더를 키우는 데 정성을 기울여야 한다.

2
논술 리더의 체크 리스트

지금까지 무수한 고개를 넘으면서 내 손에 쥐어지는 것은 무엇인가? 머릿속에 강하게 각인된 내용은 무엇인가? 실천에 대해 한 가닥 실마리가 잡힐 듯한 대목은 어디인가? 내가 논술 리더가 과연 될 수 있는지, 나에게 아직 발휘되지 않고 잠재된 어떤 가능성이 있는지, 지금보다 더 잘할 수 있는지 여러 의문이 들 때마다 마음속에 되새길 수 있는 어떤 원칙은 없을까? 우리는 여기에서 논술 리더의 덕목으로 뽑을 수 있는 것을 별처럼 헤아려 보면서 자기 점검할 기회를 가져 보고자 한다.

➲ 나는 아이들의 자발성을 드높이기 위해 어떤 노력을 하는가?

대화 훈련이 안 된 초보 단계에서는 '이제 자유롭게 자신의 견해를 이야기해 보세요' 라고 한다고 해서 아이들의 말문이 트이지는 않는다. 대화의 물길이 잡히기 위해서는 마중물이 필요하다. '비자발성' 이 학습된 것처럼 '자발성' 은 자연적이지 않고 문화적이기에 훈련이 필요하다.

◆ 나는 아이들이 집단 속에서 친구들과 때로는 협력하고 때로는 경쟁하는 훈련을 할 수 있도록 자극을 주는가?

형과 누나의 어깨 너머로 배운 아이들이 또래의 아이들보다 언어와 사고에서 앞서 가는 경우가 많듯이 수준이 다른 아이들을 섞어 놓음으로써 서로 자극을 받게 해 볼 수 있다.

◆ 나는 아이들을 통합적으로 지원하는가?

선생님은 아이들보다 지적으로 앞서 있는 존재일 뿐 아니라 정서적, 정신적, 심리적, 사회적, 문화적으로 풍요로운 존재여야 한다.

◆ 나는 아이들 각각의 '개성적인 사고'를 발굴하려고 노력하는가?

아이들을 획일적인 기준 목표에 도달시키려고 하기보다 각자의 독특하고 창의적이고 남이 도저히 흉내 내기 어려운 자기만의 세계를 구성해 갈 수 있도록 지원한다.

◆ 나는 쉬운 수업보다 문제의식이 살아 있는 수업을 선택하는 짐을 기꺼이 감당하려고 하는가?

교사가 한두 해 수업을 반복적으로 하다 보면 어느새 진부한 형식으로 수업이 진행되고 만다. 교사가 실험 정신을 가지고 새로운 내용과 형식을 자꾸자꾸 시도해 볼 때 발전이 기약된다.

◆ 나는 아이들이 수업의 흐름을 타고 있는지를 계속 주의 깊게 살피는가?

아이들은 집중과 이완을 반복하는 것이 일반적이다. 수업 분위기가 과도한 긴장을 주거나 지나치게 흐트러지지 않도록 자유자재로 흐름을 운용해야 한다.

➡ 나는 소외된 아이가 없는지 신경을 쓰는가?

관심과 자원에 따라 수업 현장을 주도하는 힘들이 그때그때 생긴다. 한 수업에 모든 아이들이 골고루 참여하는 일은 어렵다. 질적으로 양적으로 편차가 크다. 하지만 길게 보아 독과점 없이 평등한 참여가 이루어지도록 흐름을 만들어 가야 한다.

➡ 나는 아이들의 편견과 고정관념을 깨기 위해 어떤 노력을 하는가?

우리 수업에 들어오는 아이들은 교사뿐만 아니라 다른 다양한 사회환경에 노출되어 영향을 받고 있다. 성, 빈부, 국가, 인종, 종교 등의 맥락에서 다양성과 개방성을 견지하려면 편견과 고정관념에 대한 극복이 필요하다.

➡ 아이들 각각의 필요와 단계에 맞춰서 공부 내용을 정하고, 주제를 선별하는 맞춤식 교육을 지향했는가?

논술을 위한 학습지나 각종 교안은 나름대로 일정 단계까지 유용하게 활용할 수 있겠지만 교사의 편의성만을 기준으로 채택하다 보면 현장성이 떨어지고 수업의 효과도 더 이상 확보되지 않는다.

➡ 자신이 지도하는 모둠, 아이들에 대한 신뢰와 애정을 포기하고 싶은 힘든 시절을 어떻게 극복하는가?

수업이 매우 재미있고 의미 있게 생각되다가도 어느 순간 관계 등에서의 어려운 국면에 접어들면 '나는 안 돼' 혹은 '이 애들로는 안 돼'

그런 극단적인 평가를 하게 된다. 시간의 흐름에 따른 관계의 변증법적 성숙에서 갈등과 긴장, 회의, 후퇴 등등의 부정적 요소는 불가피하게 개입된다. 힘든 시절들을 고정적으로 생각하지 말자.

➡ 나와 아이들이 다 같이 무비판적 사고에서 비판적 사고에로, 다시 대안적 사고로 발전하는 틀을 체화하려고 노력하는가?

아무 생각 없이 평생을 살 수도 있다. 가정과 학교 교육 등으로 사회화되어서 그냥 살아갈 수도 있다. 내가 주도하고 끌어가는 방식에서는 그런 삶에 대한 비판 의식부터 드러난다. 내 몸과 마음, 나날의 실천을 무엇이 이끌어 가는가에 대한 성찰이 필요하다. 또한 비판은 비판을 위한 것이라기보다는 더 나은 세상을 위한 방편이므로 대안적 사고로 확장해 볼 수 있겠다.

➡ 나는 아이들에게서 무엇을 배우는가, 아이들이 내 스승이라는 체험을 하는가?

우리는 어른들로부터의 배움에 익숙하다. 그래서 내가 교사의 자리에 설 때 뭔가 많이 주어야 한다는 강박적 느낌에 시달릴 때도 많다. 그러나 아이들은 때로 성인과 참 다르지만 나름대로 고유하고 신선한 생각을 떠올리고 구체화하는 힘을 보여 줌으로써 한 수 가르쳐 주는 역할을 담당한다. 무엇보다 자꾸 경화되어 가는 성인의 사고에 대한 유연제 역할을 한다.

➡ 나는 아이들과 함께 몸으로, 마음으로, 생각으로, 영혼으로 맺어지는 체험을 하기 위해 노력했는가?

아이들과 함께하는 시간은 한정적이다. 그러나 그 영향은 오래갈 수 있으며 삶에서 그 인연이 소중하게 이어져 철학 교육에서 일종의 릴레이가 일어날 수 있다.

➡ 다른 선생님들과도 지속적으로 교류하면서 자신들의 교육 경험을 나눔으로써 매너리즘에 빠지지 않고 발전한 교안을 만들고, 한 걸음 더 나간 수업을 하려고 하는가?

아이들 교육 현장에서 각자의 철학에 기초하여 수업을 진행하더라도 다른 선생님들과의 네트워크를 통해서 상호 발전을 기약할 수 있다.

➡ 나는 아이들을 가르치면서 선생님인 자기 자신이 소외되지 않고 발전을 이루기 위해 노력하는가?

우리는 아이들을 지원하는 역할을 하지만 동시에 스스로 발전을 도모하는 존재이다. 너무 무거운 책임감과 의무감, 사명감은 에너지를 떨어뜨릴 수 있다.

➡ 나는 日新又日新 새롭게 생각하고 새롭게 실천하는가?

내 신체 세포는 시시각각 바뀌고 있다. 내 두뇌 기능은 어떠한가? 내 마음은 어떤가? 신체가 노화하고 퇴화해도 마음의 기능과 능력은 쇄신될 수 있다. 진화하지 않으면 새 세대와 함께 호흡하기 어려워진다.

➡ 선생님으로서 나만의 특이한 개성과 장점을 살리기 위해 집중적인 노력을 하는가?

리더 역시 완벽한 존재가 아니다. 개성과 장점을 두드러지게 표출함으로써 약점을 가릴 수 있을 뿐이다. 중요한 것은 그런 자기 모습을 긍정하면서 당당하고 활기차게 지내는 일이다.

3
초등논술교육의 발전 단계에 대한 하나의 그림

단계	실제 연습	요점
제1단계 친해지기	• 아이들과 선생님, 또 아이들 서로서로 몸으로 부딪히는 시간을 충분히 갖는다. 몸으로 친해지지 않으면 쉽게 마음의 문을 열 수 없다. 몸과 몸의 거리가 친근함에 비례한다(몸짓 놀이, 무언극, 공놀이, 신문지 위에서 볏단 쌓기 등). • 맛있는 것을 만들어서 나누어 먹는다(집에서 교육을 하는 경우 꼬마요리사들의 도움으로 라면, 떡볶이를 해 먹는다). 자신들이 자신감 있게 요리에 참여하는 경험이 창의성과 자발성을 증진하고 자기주도적 학습을 해 낼 수 있는 계기가 될 수 있다. • 서로에게서 재미있는 이야기를 듣는다(수수께끼 내기, 퀴즈 알아맞히기, 책 읽어 주기, 요새 우리 학교에서 유행하는 이야기). • 만화를 잘 그리는 아이는 만화를 그린다. 친구들끼리 마지막 컷을 함께 궁리해서 완성해 본다. 다른 종류의 장기자랑도 해 본다(댄스, 연주, 태권도 등).	아이들이 오늘 하루 재미있었던 기억을 하나는 갖고 돌아가게 한다. '참여'가 기억과 상기의 재료가 된다.

제2단계 잘 말하기 잘 알아듣기	• 의견 발표를 한다(철학교실/논술교실의 이름 짓기, 스스로 별명 짓기 등 소소한 것에서 출발하여 주장을 발표하는 것까지 발전할 수 있다). • 발표자의 의견을 칭찬한다. 어떤 점이 근사했는지, 멋있었는지 얘기해 준다. • 발표자의 의견에 대해 질문한다. 잘못 이해한 점이 없는지 확인한다. 또 제대로 이해했다면 의견차이가 있는 대목을 수줍음 없이 당당하게 그러나 겸손하게 얘기한다. • 발표자의 의견에 대해 비판한다. 자신은 어떤 근거에서 발표자와 다른 의견을 갖게 되었는지를 설명한다.	이 교실에서는 어떤 이야기, 어떤 생각이라도 자유롭게 표현할 수 있게 한다. 생각과 생각의 차이에 민감하며, 생각의 '근거'가 중요함을 깨닫는다.
	• 찬성-반대의 두 모둠으로 나누어서 토론한다. 모둠 토론은 모둠 내 의견 집약을 활성화한다. • 네 모둠으로 나누어 토의하고, 다시 두 가지 의견으로 합치고, 마지막 하나로 결정한다. 의견을 종합하는 능력이 생긴다는 것은 발전적 사고를 획득하게 된 것의 지표이다.	
제3단계 글쓰기	• 생각나는 대로 쓴다. 연상, 느낌, 이야기 어느 것에서 시작해도 좋다. • 앞의 내용에(지문) 이어 쓴다. 전에 쓴 내용을 발전시키는 것도 좋다. • 같은 내용에 대해 모둠별로 이어 쓴다. • 옛날 이야기를 중간부터 고쳐 쓴다. • 글을 줄여 써 본다. • 그냥 쓰지 않고 생각해서 쓴다. • 몇 달 후에 예전 글을 다시 생각해서 고쳐 쓴다.	글쓰기는 학습지 푸는 숙제처럼 기계적으로 할 수 없고 생각을 만드는 것임을 느끼게 한다.

<table>
<tr><td>제4단계
글 쓴 것
발표하기</td><td>• 발표자에게 질문하기
• 발표를 들은 소감 이야기하기
• 발표를 듣고 생각이 바뀐 것 이야기하기
• 글 쓴 것에 대해 논평문을 덧붙여 본다.</td><td rowspan="2">발표는 자랑스럽고, 당당하게 할 수 있다는 것을 깨닫게 한다. 철학적 대화는 아름다운 문화적 성취이다.</td></tr>
<tr><td>제5단계
철학적
대화하기</td><td>• 먼저, 대화의 규칙을 정한다(지각하거나 떠드는 친구들에게 어떻게 해 주면 더 좋은 교실 분위기를 만들어 낼 수 있는지 의견을 내어 함께 정한다. 또 좋은 아이디어를 내놓은 친구에게 어떻게 격려해 줄지도 함께 정한다). 발언 시간을 정해 본다.
• 주제에 따라 대화하고 녹음한다.
• 녹음한 것을 들려주면서 소감을 이야기한다.
• 다른 반, 다른 그룹과 함께 모여 합동으로 이야기할 기회를 갖는다.</td></tr>
</table>